住房与城乡建设部科技资助项目：
新型城镇化建设中城市基础设施承载能力研究（项目编号：2016-R2-040）
四川省科技厅软科学课题：
“一干多支”战略下四川省区域经济联动发展协调机制研究（项目编号：2019JDR0101）

四川省建筑业高质量发展效果评价与动力机制研究

黄佳祯◎著

The Research on the Effect Evaluation and Dynamic Mechanism of High Quality Development of Construction Industry in Sichuan Province

中国经济出版社
CHINA ECONOMIC PUBLISHING HOUSE
北 京

图书在版编目（CIP）数据

四川省建筑业高质量发展效果评价与动力机制研究／黄佳祯著. --北京：中国经济出版社，2020.8

ISBN 978-7-5136-6277-2

Ⅰ.①四… Ⅱ.①黄… Ⅲ.①建筑业-经济发展-研究-四川 Ⅳ.①F426.9

中国版本图书馆CIP数据核字（2020）第156674号

责任编辑 张利影
责任印制 巢新强
封面设计 华子图文

出版发行 中国经济出版社
印 刷 者 北京九州迅驰传媒文化有限公司
经 销 者 各地新华书店
开　　本 710mm×1000mm　1/16
印　　张 12.75
字　　数 195千字
版　　次 2020年8月第1版
印　　次 2020年8月第1次
定　　价 58.00元
广告经营许可证 京西工商广字第8179号

中国经济出版社 **网址** www.economyph.com **社址** 北京市东城区安定门外大街58号 **邮编** 100011

本版图书如存在印装质量问题，请与本社销售中心联系调换（联系电话：010-57512564）

前　言

改革开放以来，中国建筑业无论是在规模上，还是在管理和技术方面都取得了长足发展，可以与世界先进水平相提并论。据统计，2017年我国建筑业增加值达55689亿元，比1978年的139亿元增长了近400倍。建筑业增加值占GDP的比重从1978年的3.8%增长到2017年的6.7%。2018年，我国建筑业总产值为23.5万亿元，同比增长9.9%。虽然建筑业在国民经济中的比重不断提高，但是我国建筑业发展整体质量不高，对投资拉动、规模增长的依赖度还比较大，与供给侧结构性改革要求还存在一定的差距，对瞬息万变的国际、国内形势的适应能力不强。

党的十九大报告指出，我国经济已由高速增长阶段转向高质量发展阶段，正处在转变发展方式、优化经济结构、转换增长动力的攻关期。因此，在新形势下，建筑业需要大力弘扬工匠精神，持续提升产品品质，提高供给质量标准和精细化管理水平，通过产品创新及转型升级，紧跟市场发展需求，提高行业可持续发展能力。

四川省作为我国建筑业大省，结合自身建筑业的发展情况和十九大报告提出的发展理念，四川省人民政府办公厅在2018年1月发布了《关于推动四川建筑业高质量发展的实施意见》，提出坚持以习近平新时代中国特色社会主义思想和对四川省一系列工作的重要指示精神为指导，以供给侧结构性改革为主线，加快转变工程建设组织实施方式，大力实施绿色建造、数字建造和装配式建造，提高企业核心竞争力和创新能力，实施建筑业高质量发展“三步走”战略，促进建筑业产业结构调整和转型升级，加快由建筑大省向建筑强省跨越，推动建筑业高质量发展。

基于四川省建筑业发展的现实状况和面临的机遇，本书以四川省21地市（州）建筑业的实证调研数据为基础，针对建筑业高质量发展效果评价与动力机制进行研究。首先，探讨了四川省建筑业转型升级下高质量发展面临的困境与机遇以及影响建筑业高质量发展的因素，构建了四川省建筑业高质量发展效果评价指标体系，并基于DEA模型对发展效果进行评价；其次，在建筑业高质量动力机制的基础上，通过对动力因素的识别，构建了动力机制指标体系和理论模型；最后，利用熵权TOPSIS模型，对四川省21地市（州）建筑业高质量动力机制进行总体评价。本书的综合研究结果为：

根据DEA模型，通过对四川省建筑业高质量发展效果进行分析可知，2010—2018年，因成都市对投入资源进行了合理利用，而且保持技术效率有效，并逐渐形成了较为合理的产业配置结构；四川省内21地市（州）建筑业生产规模合理，资源投入与当前生产水平匹配（模效率平均值都在0.97以上）。

通过对四川省21地市（州）建筑业高质量发展动力机制运行态势的分析，可知其所包含的企业管理、政策管理、行业发展和市场规范四个因素符合四川省建筑业高质量发展的总体发展需求。通过各动力因子活跃度可知，利用TOPSIS法计算的四川省建筑业高质量发展动力机制运行态势排名与实际的建筑业总产值次序基本一致；政策管理和企业管理对四川省建筑业高质量发展的动力机制效用明显；企业管理动力因子在名次靠后的情形下，能对建筑业高质量发展产生推动作用。

本书的具体编写分工为：黄佳祯全面负责，包括书稿结构框架构建、现状统计分析、理论模型构建、实证数据分析处理、研究结果分析等，并进行所有内容的著述；西华大学土木学院的郑惠丹、郑茂同学负责收集文献资料、问卷设计、市场调查、统计数据的收集和分类整理工作。本书在编写过程中，得到了土木学院的舒波院长、顾鸿飞副院长和向勇书记的大力支持，吸取了项勇教授、陈泽友教授、熊伟教授和卢立宇老师提出的建议，在此深表谢意。本书在编写过程中，还汲取了部分学者的研究成果和观点，使本书的内容得到了丰富和完善，在此对这些学者表示衷心的感谢。最后，特别要感谢中国经济出版社的张利影编辑，在本书的选题、立项申报以及出版过程中给予的帮助和支持。

目　录

第一章
我国建筑业发展基本状况

第一节　我国建筑业的发展历程及现状

一、对建筑业的理解

建筑业作为我国国民经济的支柱产业，对经济发展的推动作用越来越突出。建筑业的定义有狭义和广义两种。狭义的建筑业是指与建筑产品生产和建造相关的行业，主要包括建筑产品的安装、装饰和施工三个方面，不包括规划、勘察和设计等相关咨询领域。广义的建筑业是指生产建筑产品以及与建筑产品建造过程相关的所有服务领域，包括规划、勘察、设计，建筑材料与成品及半成品的生产、施工及安装，建成环境的运营、维护及管理，相关咨询和服务等，反映了建筑业全部的经济活动空间。①依据我国《国民经济行业分类》（GBT4754—2017），建筑业可分为房屋建筑业、土木工程建筑业、建筑安装业、建筑装饰、装修和其他建筑业六个方面。本书涉及的建筑业均采用广义的定义。

二、我国建筑业的发展历程

1. 初步发展阶段（1949—1957）

新中国成立后，建筑业在此阶段工作的重点是对被损坏的工程进行修缮，以尽快恢复生产经营活动。当时制订了一个为期三年的改造计划，在行政关系上把承担政府建设任务的行政下属单位和私营营造社组建形成建筑公司。

---

① 王昊亮. 中国建筑业产业组织演变研究[D]. 北京：清华大学，2004.

建筑公司在项目建设过程中可实现“一站式”外包服务，包括工程设计、施工、管道和设备安装及室内装修服务。特别是在施工阶段，工作内容包括建材的生产、采购和供应，施工现场的监督和管理，甚至包括与工程项目相关的工器具的制造。如当时中国北方建筑公司的业务运营包括承包各类土木建筑工程；承包勘察、设计、监理、调试等工作；项目后续使用过程需要的工器制造；部分工程材料的采购、加工生产和运输等经营活动。

在初步发展阶段，建筑业具有生产力水平低、建筑公司承包工作内容多、项目类型覆盖面广的特点。此阶段主要工程类型包括房屋工程、铁路工程、采矿工程、桥梁工程、水电工程、煤炭项目和石化工程等。1951年6月，中华全国总工会召开全国建筑工会工作会议，提出了整理和改革建筑业的11条办法，包括建立建筑工业的管理部门、国营建筑公司、国营设计公司，废除层层转包、建立合同制，废除把头制、设立建筑工人统计调配机关等。1951年8月，政务院财政经济委员会颁布了《关于改进与加强基本建设设计工作的指示》，规定所有新的建设项目，除满足该工作指示的要求外，须经项目所在区域的建筑安装主管部门批准，否则不允许施工。1952年1月，政务院财政经济委员会颁布了《基本建设工作暂行办法》，该办法对基本建设的范围、程序等做了全面规定。1954年，国家建设委员会颁布了《建筑安装工程包工暂行办法》，制定了一系列设计、施工标准和规范。1956年，国务院通过了《关于加强和发展建筑工业的决定》。这些规范、标准和决定为中国建筑业走向正规化、工业化发展道路奠定了基础。随着建筑业的发展，其附加值在GDP中所占的比重从1952年的3.2%提高到1957年的4.3%。我国建筑业开始加速发展。

在初步发展阶段，建筑业由于技术人员少，技术力量薄弱，部分工程盲目施工，导致出现工程质量下降、项目投资效率低的局面。该阶段我国建筑业的标志性事件及影响如表1-1所示。

表1-1　我国建筑业初步发展阶段的标志性事件及影响

时间	标志性事件及影响
1949 年 8 月	我国第一个大型国营建筑公司华北建筑公司正式成立，并很快成长为地区建筑业力量的重要组成部分

续表

时间	标志性事件及影响
1951 年 6 月	中华全国总工会召开全国建筑工作会议，出台了改革建筑业的 11 条办法，第一次较为全面、深入地提出了建筑业的改革思路
1952 年 1 月	政务院财经委员会颁布了新中国有关基本建设管理的重要规范性文件——《基本建设工作暂行办法》，该办法对基本建设的范围、组织机构、设计施工、拨款监督的检查工作、验收交接与工程预算、计划的编制与批准等都做了明确规定
1952 年 4 月	中共中央决定成立中央建筑工程部和各省市的建筑工程局，整理和合并国营建筑公司，接收和加强建筑工程师队伍建设，扩大建筑工程队伍。此后，各地区陆续建立了建筑行业的主管部门，第一批建筑设计院相继建立，各地区的建筑队伍迅速发展壮大
1956 年	国务院通过了《关于加强和发展建筑工业的决定》，为中国建筑业走上工业化的发展道路奠定了基础

2. 探索发展阶段（1958—1976）

1958—1965年，建筑业从业人员占全社会劳动者的比重从3.1%减少为2.0%。①另外，1960年7月，苏联单方面宣布结束一切与中国工程项目建设的合同，撤回了在中国的所有专家，并带走了所有重要的项目设计图纸和相关材料，导致我国被迫中断部分重大设计项目和科研项目，并停止在建的200多个工程项目。在此背景下，中国建筑业开始走上独立自主的发展道路，如党中央决定组建基础建设工程兵以达到扩充铁道兵的目的。1960年，国家基本建设投资388.7亿元，1961年共投资127.4亿元，1962年又减少到71.3亿元。在建设投资额大幅度减少的影响下，全国建筑行业开始进行大规模精简。据统计，1960—1962年，建筑业的全民所有制劳动者的数量由557.2万人减少到193.3万人。其中，建筑工程部系统由146万人减为56.8万人，减少的人数达到总人数的2/3。部分省市甚至撤销了建筑工程局，鼓励许多建筑企业职工回乡务农。这一时期，我国建筑行业经历了一段压缩、精简的低迷期，给中国的社会主义建设事业造成了巨大的困难和损失。②

1962年初，中共中央工作会议召开，重新制定措施、组织力量，恢复集体所有制形式，使生产关系与生产力相适应。与此同时，召回在1961—1962

① 国家统计局：新中国50年系列分析报告之九[EB/OL]. http：//www.stats.gov.cn/ztjc/ztfx/xzg50nxlfxbg/200206/t20020605_35967.html.

② 新中国建筑业70年发展回望 [EB/OL].https：//www.sohu.com/a/300052352_482010.

年下放到地方的建筑员工8万人左右，重新组建8个建筑工程局。在四川、贵州、云南、西藏、新疆等18个省和自治区进行了大规模的建设。在“文化大革命”中，建筑设计、科学研究和大量大专院校人才培养都相继停止，建筑行业发展陷入瘫痪状态，劳动生产率大幅下降，生产力遭受严重破坏。

3. 恢复阶段（1977—1988）

1978年，党的十一届三中全会决定把党和国家的工作重点转移到社会主义经济建设上来，实行改革开放，由此开启了建筑业管理体制改革的序幕。

随着国民经济生产的逐渐恢复，我国建筑业的发展逐渐走上了正轨。这一时期，国家在发展规划中把建筑业列为支柱性产业。随着建筑业改革纲领的颁布和实施，建筑企业承包经营制全面推行，建筑市场逐渐形成多种所有制并存、团队竞相发展的局面。通过建筑行业体制改革，解放了生产力，我国的建筑业得到了迅速发展。

1979年8月，国务院批准了《关于基本建设投资试行贷款办法的报告》，改变了以往对工程项目政府财政无偿拨款的形式，在基础建设领域启动了“拨款改贷”试点。1979年7月，国务院颁发《关于国营企业实行利润留成的规定》。1980年1月，国务院批转财政部和国家经济委员会《关于国营工业企业利润留成试行办法的通知》。1981年12月，财政部和国家经济委员会发布了《关于国营工交企业实行利润留成和盈亏包干办法的若干规定》。这些规定和通知扩大了建筑企业的自主权，增加了企业自主支配的财力。1983年，建筑企业开始实行“改建税”制度。1980年2月，建设部发布了《建筑业改革大纲》，提出了10个方面的改革措施，推行企业承包经营制。同年3月，国家计划委员会等部门又联合印发了《基本建设项目包干经济责任制试行办法》，实行按建设总体规模、投资总额、建设工期、工程质量、材料消耗量为标准进行承包，采取“责、权、利”相结合的经营管理责任制。1984年9月，国务院发布《关于改革建筑业和基本建设管理体制若干问题的暂行规定》，提出全面推进基本建设项目投资承包责任制、大力推进工程承包制、全面推进技术经济承包责任制等16项重要改革措施。随后，国家计划委员会等部门相继出台了一系列关于建筑业改革的规定和制度，标志着我国建筑业改革的全面启动和基本建设管理体制的重大转变。

1978—1983年，中国建设完成并投入生产的大中型项目达595个，包括上海宝山钢铁总厂、葛洲坝水电站和京秦铁路复线电气工程等多个大型现代技术建设项目。陡河发电厂、秦岭发电厂、北京石化总厂和上海石化总厂等项目也在此期间完工投产。同时，电力、油田、铁路复线电气化和港口等领域的项目建设也取得重大进展。1983年，我国建筑业总产值为1053亿元，相较于1976年，同比增长1.4倍。建筑业增加值对GDP增加值的比重由2.2%增长到4.6%。由此可以看出，我国建筑业在20世纪80年代逐渐得到了恢复和发展。在对国民经济增长做出贡献的同时，建筑业也开始探索自身的改革之路，如改革劳动工资制度，推出招投标制度等。这些措施为建筑业的改革指明了道路和方向，有利于提高我国建筑业的劳动生产率。1983年，全民所有制建筑企业的劳动生产率为每人5148元，相较1976年，同比增长了近1倍。①

1983—1984年，建筑业步入正轨，建筑市场初步形成。1984年9月，国务院发布的《关于改革建筑业和基本建设管理体制若干问题的暂行规定》明确了建筑业的改革重点。我国建筑业恢复发展阶段的标志性事件及影响如表1–2所示。

表1–2　我国建筑业恢复发展阶段的标志性事件及影响

时间	标志性事件及影响
1983 年	建筑行业已具备实施招标投标制的条件，工程项目开始实行公开招标投标
1984 年	国务院在《关于改革建筑业和基本建设管理体制若干问题的暂行规定》中明确提出，国有企业除必需的技术骨干外，原则上不再招收固定职工。此政策加快了用工制度改革。在调整企业组织结构、进行项目法施工和实施资质管理等方面，加快了管理体制的改革步伐
1987 年	推行了“包死基数、确保上交、超收多留、歉收自补”为主要内容的承包经营责任制

4. 发展阶段（1989—1995）

1989年国家开始对建筑业进行治理整顿，主要表现为暂停和缓建投资项目，并不断压缩建筑业中项目的投资总额。与此同时，为调整建筑业投资结构，国家开始征收固定资产投资方向调节税（1991年），并根据国家的产业政策和项目的经济规模实行差别税制。由于国家基础设施投资的逐渐减少，施工任务不足，出现了建筑施工队伍过剩现象，国有建筑企业面临巨大的生存压力。

① 赵振宇，马旭.改革开放40年工程建设事业改革发展总览[J].施工企业管理，2018（11）：33–36+15.

在此阶段，由建设部主导对建筑行业进行全面调整。自1989年以来，国家和地方先后颁布了有关建筑工程方面的规范和标准。20世纪80年代中期，随着建筑产品的市场化以及住房制度的改革，市场对民用建筑的需求量开始增大，尤其是对住宅产品的需求。建设主管部门在此阶段的主要任务是进行住房制度改革，如废除福利分房制度等。随着住宅施工面积和竣工面积的快速增长，对房屋建造的技术要求越来越高。此外，在地方政府的大力支持下，集体建筑队伍得到了迅速发展。

通过对建筑业改革，进一步促进了统一开放、竞争有序的建筑市场体系的形成，建筑业改革成效显著，如建筑业推行了监理制度、企业承包责任制和项目经理负责制。中小型建筑企业发展迅速，部分大型建筑企业逐步走向集团化道路，形成了三个层次相互协调发展的组织结构。但此阶段建筑业的发展仍然存在较多的问题，如建筑产品的价格与其价值不匹配，导致部分建筑企业出现亏损；国有大中型企业承担的责任重，面临的损失也较重；建筑企业的员工普遍存在粗放管理和管理费用过高的现象；建筑企业并未建立适合自身发展的管理制度。

5. 深化阶段（1996—2013）

20世纪90年代中期，我国大力推进产权制度改革，进行所有制结构调整，开始出现了乡镇建筑企业（浙江省和江苏省范围较多），也出现了现代化的建筑集团。其特点为：主辅分离、突出主业及以资产为纽带，集体性质的建筑企业得到快速发展。为了贯彻落实党中央提出的“调控规模，优化结构”政策，2001年行业主管部门对全国建筑业进行了组织结构调整，形成施工总承包企业、专业分包企业和劳务分包企业共存的有序竞争局面。《中华人民共和国建筑法》（以下简称《建筑法》）正式生效后，相应的配套法律、法规，如《中华人民共和国招标投标法》（以下简称《招标投标法》）、《建设工程项目管理规范》和《建设工程监理规范》等的陆续颁布和实施，推动了建筑市场管理工作向规范化和法治化的方向发展。基于此背景，住房与城乡建设部提出了“法人管项目”的概念，丰富了工程项目管理的内涵。由此，我国建筑行业开始进入规范化发展的高速发展期。部分民营企业开始实施股份制、混合所有制、内部管理制度的改革，如浙江中南建设集团有限公司、江苏南通三建集团有限公司、中天建设集团有限公司等优秀民营企业通过内部改革不断发展壮大。

2001年，孙文杰提出“法人管项目”的理念，“集中项目资金管理、集中材料的采购和集中劳务招标”是“法人管项目”模式的主要特点。通过“三集中”管理，不仅可以实现精细化管理，还可以实现法人管理的集权化和集约化。通过不断的实践，区域化的经营、专业化的发展、精细化的管理和国际化协同作用的管理理念逐渐得到行业的认可。

与此同时，中国加入WTO后，进一步提高了建筑业的市场化和国际化程度，建筑业对我国经济良性发展的推动作用开始加大，经济的良性发展也给建筑业带来了巨大的变化。

我国建筑业的总产值在2001—2010年呈现持续稳定上升的趋势，其增长率约为20%。虽然我国建筑业产值规模发展速度较快，但是可持续能力明显不足，主要表现为：粗放的发展模式、发展质量不高、信息化和精细化水平较低、较传统的施工技术。

我国建筑业深化发展阶段的标志性事件及影响详如表1–3所示。

表1–3　我国建筑业深化发展阶段的标志性事件及影响

时间	标志性事件及影响
1997 年 11 月	《建筑法》为加强对建筑行业经营活动的监督管理、维护建筑市场秩序、保证建筑工程的质量和安全提供了法律保障
1999 年 3 月	建设部、监察部发布关于《工程建设若干违法违纪行为处罚办法》（建设部监察部令第 68 号），加强了对工程建设的管理和监控
2001 年 1 月	正式实施《招标投标法》，形成公平竞争的环境，提高建设工程质量效益
2001 年 11 月	中国加入 WTO 后，继续奉行对外开放的政策，大力进行能源、电力、水利、公路、桥梁、机场、通信等基础设施的建设，加速与国际接轨
2005 年	建设部、国家发展和改革委员会等六部委联合下发的《关于加快建筑业改革与发展的若干意见》（建制〔2005〕119 号）文件，加快产权制度改革，创新体制，优化产业结构，发展壮大优势企业，积极参与国际竞争，加快技术进步，转变增长方式，创新监管机制
2008 年	建筑业贯彻落实《中华人民共和国物权法》和《中华人民共和国城乡规划法》

6. 成熟阶段（2014年至今）

虽然我国建筑业的发展经历了一些曲折，但是整体上依然保持着一定的增长态势。随着供给侧结构性改革深入推进，我国经济已由高速增长阶段转向高质量发展阶段，建筑业发展迎来新机遇。

2014年，财政部下发《关于推广运用政府和社会资本合作模式有关问题的通知》《政府和社会资本合作模式操作指南（试行）》，国家发展和改革委员会发布《关于开展政府和社会资本合作的指导意见》《政府和社会资本合作项目通用合同指南（2014版）》，在较大程度上促进了PPP模式在建设工程领域的推广应用，给建筑市场的变革带来了深远的影响。

2015年3月，国家发展和改革委员会、外交部和商务部联合发布了《推动共建丝绸之路经济带和21世纪海上丝绸之路的愿景与行动》。2017年，我国境外业务的营业额达到11382.9亿元，与2016年相比，增长率为7.5%。“一带一路”倡议大大提升了我国的境外投资业务量。据统计，“一带一路”沿线国家的业务量已占我国境外业务总量的一半。2018年，国际承包商250强中有69家承包商企业来自中国，上榜的承包商企业数量蝉联各国榜首。

2015年11月，在中央财经领导小组第十一次会议上，习近平总书记首次提出了供给侧结构性改革。对建筑业而言，供给侧结构性改革既是突破传统发展模式的巨大挑战，也是增添发展新动力的难得机遇。

李克强总理在2018年《政府工作报告》中指出，“按照高质量发展的要求，统筹推进‘五位一体’总体布局和协调推进‘四个全面’战略布局，坚持以供给侧结构性改革为主线，统筹推进稳增长、促改革、调结构、惠民生、防风险各项工作”，并对我国经济发展提出了新的要求，即经济模式由高速增长转变为高质量发展。近年来，从规模增长速度看，建筑业的发展速度呈现出从高速发展到缓慢发展，再到平稳发展的状态；建筑业在装配化、绿色化、信息化等方面取得一定成效，向高标准、高品质、高效益发展迈出了一步。

三、我国建筑业发展现状

1. 发展规模增速放缓

根据建筑企业签订的合同总额，我国建筑业工程承包项目自2018年以来呈现出下降的趋势。2019年上半年，建筑企业签订的合同总额为36.40万亿元，虽然比上年同期增长8.53%，增速比上年下降7.65个百分点。其中，新签订的合同额为12.0万亿元，比上年增长2.47%，增速比上年下降7.17，如图1–1所示。

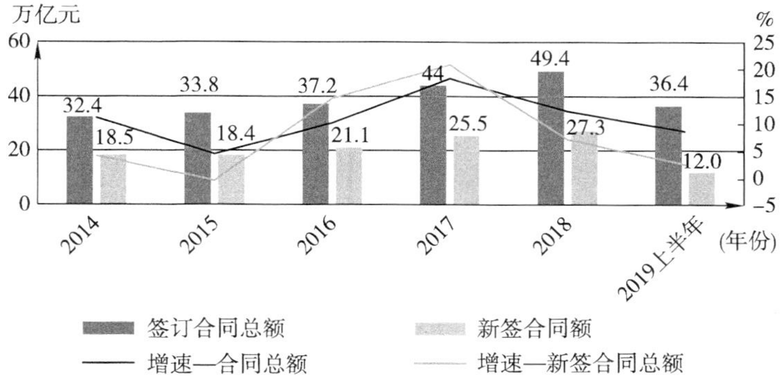

图1-1　2014—2019上半年我国建筑业企业签订合同总额、新签合同额及增长率

资料来源：前瞻产业研究院整理。

2. PPP迈入高质量发展阶段

2017年11月，财政部发布了《关于规范政府和社会资本合作（PPP）综合信息平台项目库管理的通知》。据统计，截至2019年6月末，累计有2859个管理库项目被综合信息平台清退，投资额累计减少了约3.37万亿元；同时，PPP管理库累计有193个净增项目，净增项目投资额2194亿元。2019年，财政部PPP项目管理库净增项目数量和金额明显低于2018年同期。随着PPP管理库项目清库工作的不断深入，其入库项目不断朝着高质量的方向发展。根据PPP项目的月度成交额，2019年上半年PPP项目的总体月度成交额均低于2018年的成交额。在提高PPP项目落地质量的同时，我国建筑业市场的项目数量呈缩减趋势，如图1-2所示。

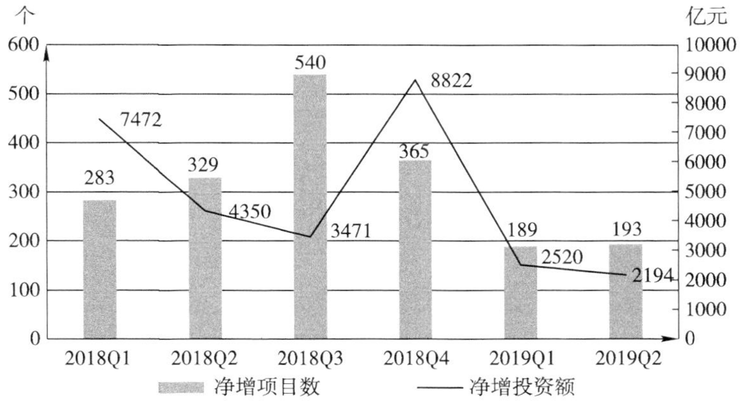

图1-2　2018—2019上半年我国PPP项目个数及投资额

资料来源：前瞻产业研究院整理。

3. 对外工程承包市场开始复苏

据统计，我国对外工程承包的新签合同累计额在2019年上半年达到了1059.2亿美元，与2018年上半年相比，下降了0.8%，但与2018年全年相比，增长了8.1%。虽然建筑业营业额具有滞后性的特点，但有望得到缓慢增长，主要由于不断增加的新签合同额。现阶段，我国建筑企业与“一带一路”沿线国家新签了3302份对外承包合同，金额达636.4亿美元，占我国对外承包工程新签合同额的60.1%，同比增长33.2%。其变化情况如图1-3所示。

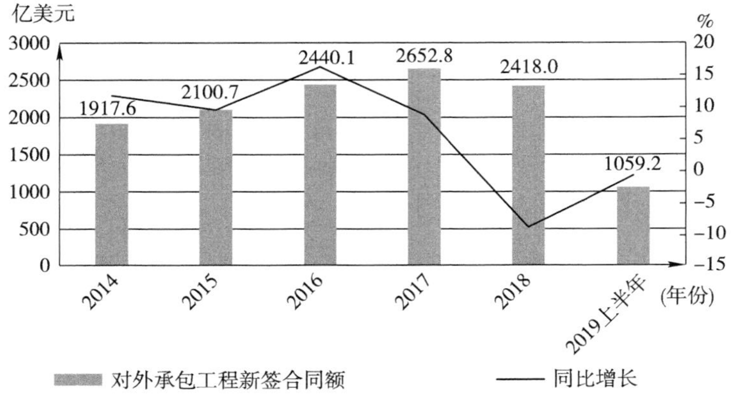

图1-3 2014—2019上半年我国对外承包工程新签合同额及增长率

资料来源：前瞻产业研究院整理。

自2017年以来，从我国八大建筑央企（中国建筑工程总公司、中国铁路工程总公司、中国铁道建设总公司、中国交通建设集团有限公司、中国电力建设集团有限公司、中国冶金科工集团有限公司、中国能源建设集团有限公司和中国化学工程集团有限公司）整体的境外业务量来看，新签合同额的增长速度不断下降，在2018年出现了负增长情况。但是，2019年八大建筑央企境外新签合同额达5377.6亿元，同比增长11.1%。该数据表明，建筑业出现复苏迹象，如图1-4所示。

2019年上半年，除中国交通建设集团有限公司和中国化学工程集团有限公司之外，其余六大建筑央企的境外业务量大多保持着较好的增长趋势，其新签的合同额均有不同程度的增长。其中，中国建筑实现了74.8%的增长，中国中冶增长率也高达68.9%[①]，如图1-5所示。

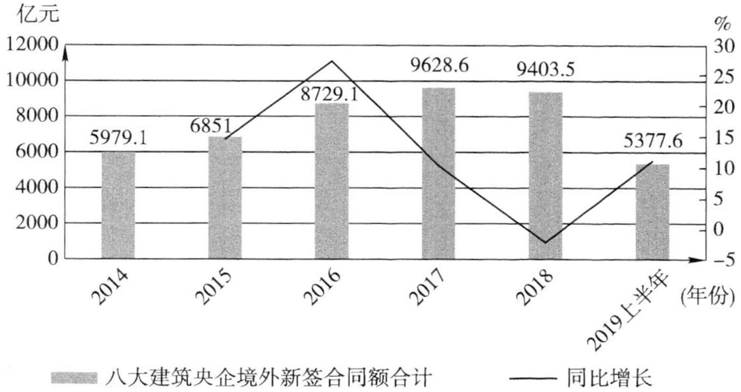

图1-4　2014—2019年上半年我国八大建筑央企境外新签合同额及增长率

资料来源：前瞻产业研究院整理。

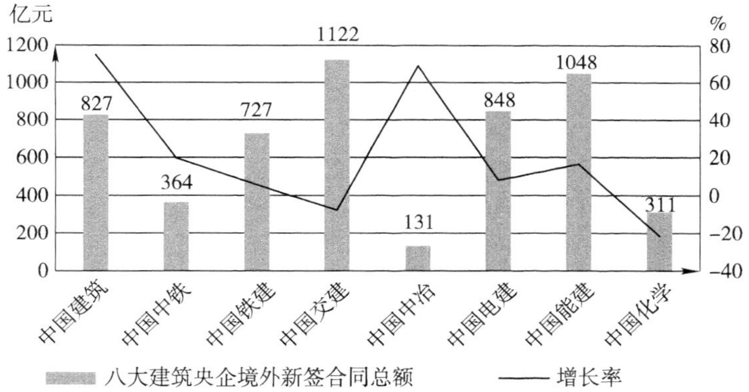

图1-5　2019年上半年我国八大建筑央企境外新签合同额及增长率

资料来源：前瞻产业研究院整理。

4. 营业收入和利润增长速度有所回升

我国建筑行业的营业收入和利润增长速度在2019年上半年均有所回升，其中建筑企业完成了约2.5万亿元的营业收入，与2018年上半年相比，提高了5.3%；我国建筑行业的营业收入增长速度在2019年上半年有所回升，其中建筑企业完成约25000亿元的营业收入，与2018年同期相比，提高了5.3个百分

① 2019年H1中国建筑业企业发展现状分析 PPP项目逐步往高质量发展 市场集中度持续提升[EB/OL].https://xw.qianzhan.com/report/detail/300/191021-0705dd26.html.

点，如图1-6所示。

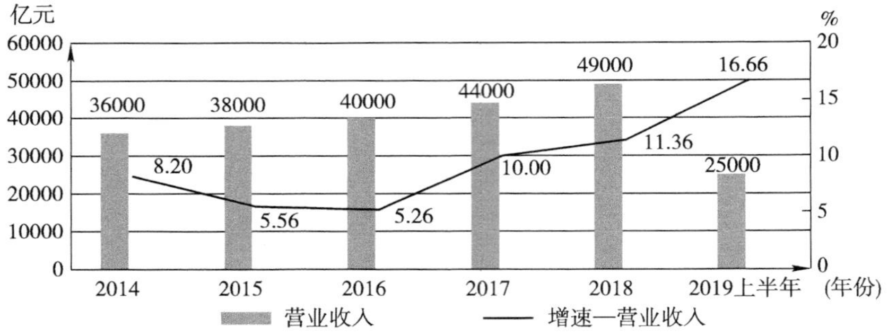

图1-6　2014—2019上半年我国建筑行业营收入及净利润增长情况

资料来源：前瞻产业研究院整理。

我国八大建筑央企在2019年上半年的营业收入均维持正增长，只有中国能源建设集团的营业收入增长率较低，其余七家建筑央企的营业收入增长率都保持在13%以上。除中国电力建设集团和中国能源建设集团之外，其余建筑企业的净利润都有不同程度的增长，如图1-7所示。

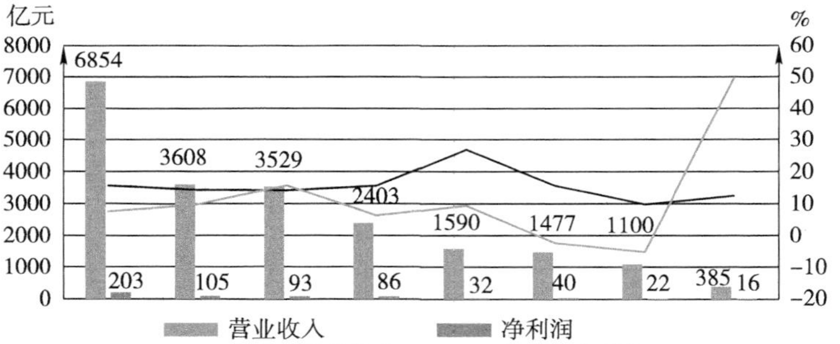

图1-7　2019年上半年我国八大建筑央企营业收入及净利润增长率

资料来源：前瞻产业研究院整理。

5. 央企新签合同额的增速触底回升

2018年，我国八大建筑央企新签订单额累计同比增长7.2%。2018年，受去杠杆、PPP退库、固定资产投资下滑等因素的影响，我国建筑业新签订单增速处于较低位置。2019年上半年，新签订单额增速上升到15.80%，[①]如图1-8所

① 十张图了解2019年中国建筑业企业发展现状与趋势　营收和利润增速均有所回升[EB/OL].http：//liaoba.yjcf360.com/liaoba/601618/894370.htm.

示。随着PPP退库逐渐完成，固定资产投资增速缓慢回升，建筑行业新签订单增速触底回升。

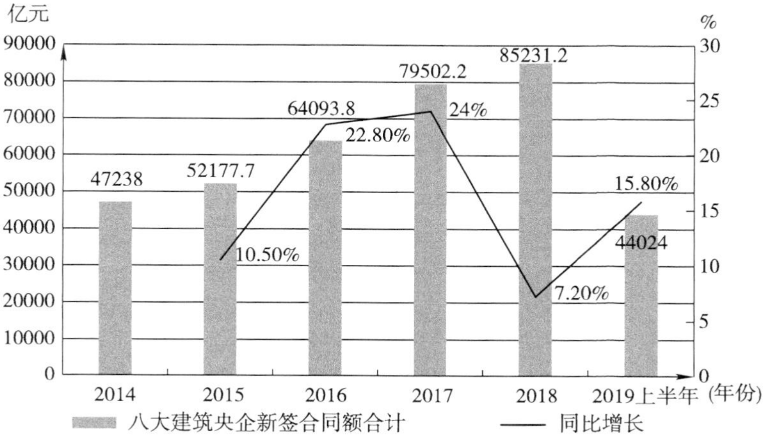

图1-8　2014—2019上半年我国八大建筑央企新签合同额及增长率

资料来源：前瞻产业研究院整理。

2019年上半年，八大建筑央企新签合同额均保持良好的增长趋势，增速达到6%以上，其中中国中冶实现了20.50%的增长，而中国铁建新签合同额增长率也高达18%。与此同时，中国交建和中国电建新签合同额增长率也接近16%，[①]如图1-9所示。

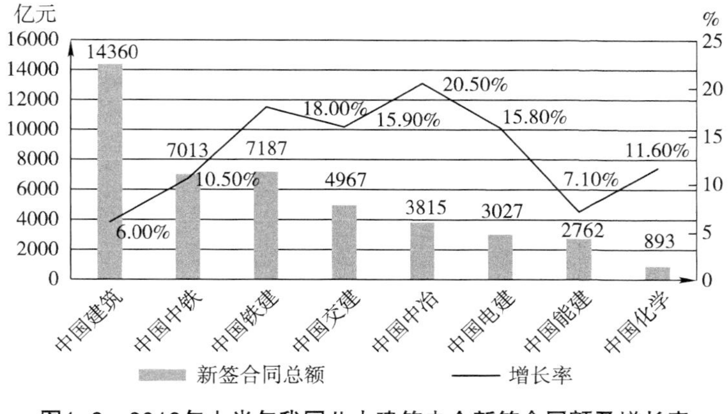

图1-9　2019年上半年我国八大建筑央企新签合同额及增长率

资料来源：前瞻产业研究院整理。

① 十张图了解2019年中国建筑业企业发展现状与趋势　营收和利润增速均有所回升[EB/OL].http：//liaoba.yjcf360.com/liaoba/601618/894370.htm.

6. 建筑行业集中度持续提升

2014年以来，我国建筑业的龙头优势越来越明显，建筑市场占有率逐步提高，建筑行业集中度持续提升。2014年，八大建筑央企新签订单市场占有率为25.60%，到2019年上半年提高到了36.60%。随着固定资产投资增速放缓和资金成本的提升，行业竞争越来越激烈，建筑业中的龙头企业在资质、品牌和资金方面具有明显优势，能够进一步提升建筑行业的集中度。八大建筑央企市场占有率变化如图1-10所示。

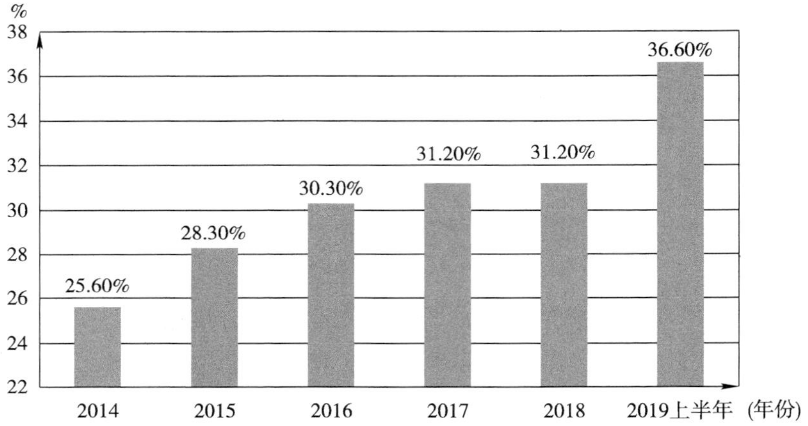

图1-10 2014—2019上半年我国八大建筑央企新签订单市场占有率

资料来源：前瞻产业研究院整理。

2013—2018年，我国商品住宅建筑新开工面积呈增长的趋势。2018年，住宅新开工面积达到15.34亿平方米，同比增加19.75%，如图1-11所示。

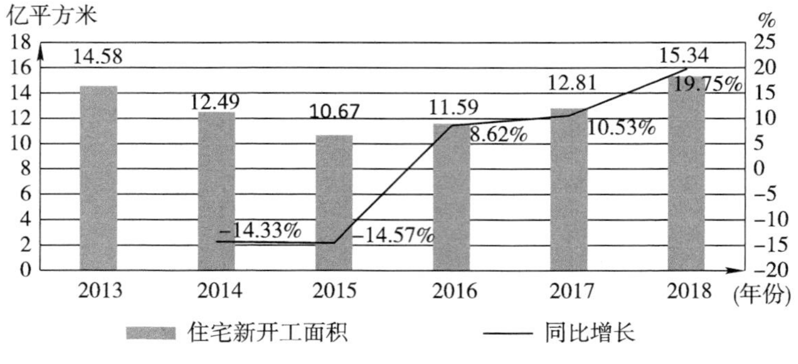

图1-11 2013—2018年我国商品住宅新开工面积及增长率

资料来源：前瞻产业研究院整理。

我国商业营业用房的新开工面积自2013年以来不断下降，2018年已经下降到2.01亿平方米，同比下降1.95%。商业营业用房新开工面积变化如图1-12所示。

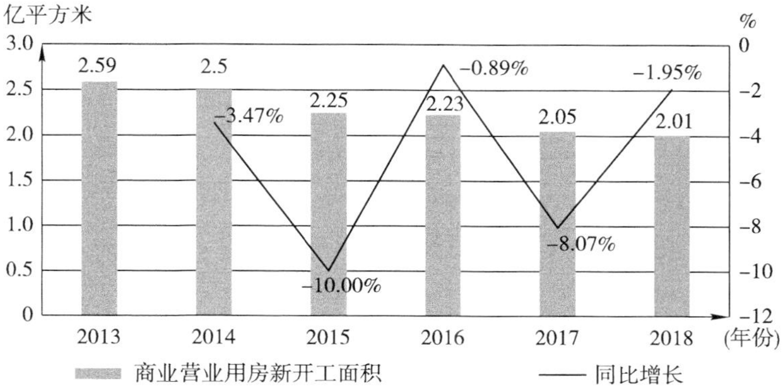

图1-12 2013—2018年我国商业营业用房新开工面积及增长率

资料来源：前瞻产业研究院整理。

据统计，我国商业用房中的办公楼连续四年出现负增长。2018年，全国办公楼新开工面积为6049万平方米，同比下降1.48%，[①]如图1-13所示。

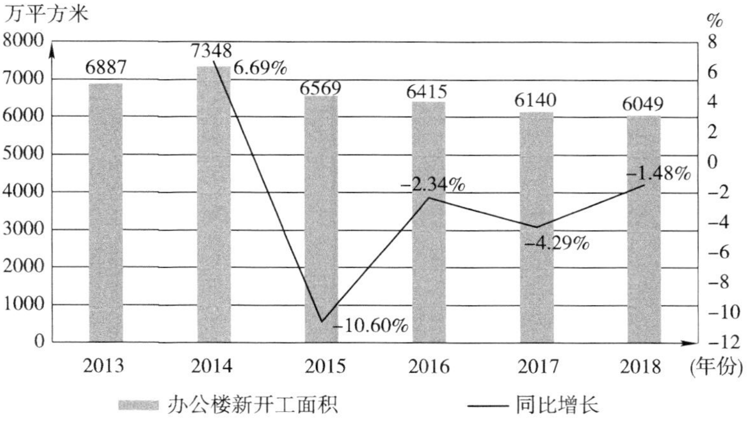

图1-13 2013—2018年我国办公楼新开工面积及增长率

资料来源：前瞻产业研究院整理。

对于其他公共建筑，以医疗建筑为例。2017年，我国医疗建筑固定资产投资额约为5986亿元，其对应的固定资产投资变化如图1-14所示。

① 2018年建筑设计行业细分市场概况与发展趋势分析 商办建筑设计市场增长乏力[EB/OL].http：//www.myzaker.com/article/5c6e209c77ac6465712673f2/.

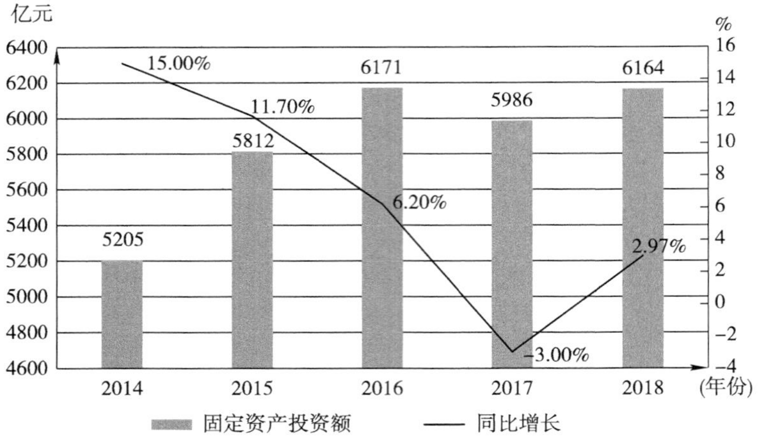

图1-14　2014—2018年我国医疗建筑固定资产投资额及增长率

资料来源：前瞻产业研究院整理。

第二节　我国建筑业在国际中的地位

根据美国2018年度的《工程新闻纪录（ENR）》中“全球最大250家国际承包商”榜单可知，我国对外承包工程商会组织参评的中国内地企业（以下简称“中国企业”）有69家承包商进入了榜单，与2017年相比，增加了4家，上榜数量居于首位。国际营业收入总额约为1140亿美元，与2017年相比，同比增长了15.6%，上升速度比较明显。近年国际承包商250强中国企业表现情况如表1–4所示。

表1–4　2015—2018年国际承包商250强中国企业表现情况表

年份	入围 ENR250 强企业数量（家）	入围 ENR250 强中国企业海外营业收入（亿美元）	同比增长（%）	占全球海外承包商市场份额（%）
2015	65	936.8	4.46	19.3
2016	65	946.2	1.00	18.9
2017	65	987.2	5.40	21.1
2018	69	1140.0	15.60	23.7

我国承包商在除美洲以外的大洲营业收入都取得了明显的增长，特别是在亚洲（澳大利亚）、非洲和中东增长效果最明显。在亚洲（澳大利亚）地

区，在“一带一路”影响下我国承包企业成为该地区增长的最大贡献者，增加额达100亿美元；在中东地区，我国承包企业在市场萎缩的状态下仍然实现了22.5%的增长；在非洲地区，我国承包企业营业额也实现了8%的增长。由于在这些市场的突出表现，中国企业在250强中的市场份额占比达到23.7%。[①]从前十强企业的排名来看，我国有三家企业进入了前十强，它们分别为中国交建、中国建筑和中国电建。

① 国际工程承包市场：企稳向好 2018年度ENR全球最大250家国际承包商业绩解读[EB/OL].http：//www.thecover.cn/news/1129582.

第二章
四川省建筑业转型升级及高质量发展理念的提出

第一节　四川省建筑业转型升级概述

一、四川省建筑业转型升级政策分析

2014年5月，四川省人民政府发布《关于促进建筑业转型升级加快发展的意见》（以下简称《意见》）。《意见》中明确，到2020年四川省建筑业总产值超17000亿元，实现比2010年“翻两番”的目标，推动四川省从建筑大省向建筑强省跨越。通过对《意见》的解读，可以得出以下政策方面的相关内容。

一是加快产业转型升级。为了加快推进产业结构的调整，四川省鼓励建筑企业采用改组、联合、兼并、股份合作等方式做大、做强。到2020年，培育15家具有特级资质的建筑业企业、5家年产值超过500亿元和10家超过300亿元的建筑企业；积极探索施工总承包模式向工程总承包模式转变的道路；鼓励政府投资的项目推行全过程项目管理；大力发展建筑工程中介服务企业、总部经济区和建筑产业园区。

二是大力提升建筑业企业的综合实力。积极鼓励建筑企业设立技术中心，如只要被认定为满足国家重点扶持的高新技术企业，企业申请通过后，可以只按15%的税率征收企业所得税；为了促使建筑企业加强职业教育培训，规定其应该足额提取净利润的2.5%用作职工教育经费。

三是加快“走出去”发展步伐。为了重点支持境外承包工程项目在四川省得以顺利开展，积极利用国家对外经济技术合作专项资金、中小企业国际

市场开拓资金和四川省外经贸区域协调发展资金；针对承包境外工程的建筑企业，鼓励各级金融机构对其实行授信额度差别化管理，针对有较强实力和较好信誉的企业承包境外项目，提供人民币中长期贷款和外汇周转贷款服务。预计到2020年底，四川省在海外和省外的产值占全省建筑业总产值比例将超过30%。

四是优化建筑业发展环境。四川省为切实减轻建筑企业的负担，对于从事技术转让、技术开发及相关技术咨询和技术服务的建筑企业，只要其收入满足相关条件都按照规定免费征收相应的税金；针对在境外提供建筑业务的建筑企业，应暂免征收相关税金；四川省建筑业不断进行劳务分包制度改革，将工程材料价款进行分离，由总承包企业或者专业承包企业直接支付农民工工资。除此之外，建筑施工企业还不断完善农民工的工伤保险办法，推进以工程项目为单位的工伤保险参保的缴费方式。

二、四川省建筑业转型升级的条件

国家战略和政策的支持为四川省建筑业转型升级注入了新动力。

（1）建筑业转型升级迎接新机遇。党中央国务院和四川省政府都高度重视城乡建设，提出很多关于城市建设和管理的新要求。国务院和四川省政府出台了相关措施，共同促进四川省建筑业的健康持续发展和建筑业的转型升级，为四川省建筑业的转型升级带来了新的机遇。

（2）加快推进新型城镇化步伐。四川省的常住人口城镇化率在2017年底为50.8%，预计在2020年将提升到54%。全省在“十三五”规划期间，规划改造开工113万套危房和旧房棚户区，计划开工长度达1000公里的城市地下综合管廊，且在成都市修建长达500多公里的城市快速交通轨道。这些举措加速了四川省新型城镇化的建设进程，为建筑业发展提供了新的市场。

（3）互联互通的基础设施形成了新的发展动力。在四川省范围内，大规模地启动了与“一带一路”有关的基础设施建设。这一举措不断扩大了四川省建筑企业的海外市场和对外工程承包业务市场，逐渐形成了建筑业发展的新动力。

（4）四川省各级党委和政府为了促进建筑业转型升级，已达成推动建筑业发展共识。特别是在“放管服”改革不断深化的背景下，各项政策措施得以实施，使一些具有竞争力的建筑企业已经开始崭露头角，逐步形成了新的建筑业发展态势。

三、四川省建筑业转型升级面临的困难和挑战

近年来，在四川省委、省政府的领导下，各级党委政府和住房城乡建设行政主管部门加大了对建筑业的政策引导和支持力度，通过持续推进结构调整和转型升级，优化建筑市场发展环境，努力探寻新的经济增长点和新动力，使全省建筑业取得了长足发展。与此同时，由于结构性因素与周期性因素之间相互作用，一些制约建筑业发展的深层次问题开始显现。与江苏、浙江等建筑强省相比较，四川省建筑企业的核心竞争力不强，生产方式粗放，转型升级力度不够，影响和制约建筑业高质量发展。四川与江苏、浙江和全国建筑业在2017年的主要指标比较如表2-1所示。

表2-1　2017年四川与江苏、浙江和全国建筑业主要指标比较

指标		指标内涵	四川	江苏	浙江	全国
综合实力	建筑业总产值（亿元）	反映建筑业经济总量	11899.00	27956.00	27236.00	213954.00
	建筑业增加值（亿元）	反映建筑业对经济发展的贡献	2863.00	4651.00	4845.00	55689.00
	增加值占 GDP 比重（%）		7.74	5.41	5.50	6.73
	劳动生产率（万元/人）	反映建筑业从业人员整体素质和工程效率	28.85	31.24	34.59	34.75
市场竞争力	特级企业（家）	反映建筑企业顶层竞争力	23.00	69.00	70.00	632.00
外向度	跨省施工产值（亿元）	反映综合竞争力和市场占有能力	2355.00	13094.00	14011.00	74390.00
	跨省施工产值占总产值比重（%）		19.80	46.80	51.40	34.80

资料来源：根据 2017 年四川省建筑业、江苏省建筑业、浙江省建筑业、全国建筑业对应统计归纳和整理所得。

1. 四川省建筑业转型升级面临的困难

（1）企业核心竞争力亟待提高。四川省建筑企业资质等级普遍偏低，江苏、浙江分别有特级企业69家和70家，而四川省仅有23家，在规模、品牌等方面缺少有影响力的龙头企业。大部分企业科技创新和投入较弱，具有自主

知识产权的核心技术和关键技术较少，BIM技术的推广和信息化建设重视程度不够，企业缺乏核心竞争力，工程总承包能力弱，企业缺少转型升级向高端市场和新兴市场发展的条件和实力。与央企和国内优秀企业相比，四川省建筑企业的整体管理水平有待进一步提升。

（2）“走出去”发展须加大力度。2017年，四川省建筑企业省外产值占总产值比重为19.8%，与江苏（占比46.8%）、浙江（占比51.4%）相比差距较大，建筑业外向经济急需提升。部分企业抢抓“一带一路”建设发展机遇意识不强，开拓境外市场顾虑较多、信心不足。地方政府对企业“走出去”提供的发展指导和服务力度不够，扶持企业“走出去”发展政策措施较为缺乏。

（3）装配式建筑推进缓慢。2017年，四川省装配式建筑占新建建筑比例仅为4.1%。装配式建筑产业基地布局缺乏整体规划。大多数建筑企业对装配式建筑发展处于观望状态，在管理、技术和人才等方面还不具备承接装配式建筑施工的能力。发展装配式建筑还面临技术标准不够完善、政策扶持缺乏力度、产业基础薄弱、专业技术人员缺乏和市场认可度低等问题。

（4）产业结构调整任重道远。2017年底，四川省建筑企业3.1万家，从事房屋建筑工程施工的企业2.3万家，占企业总数74%，房屋建筑工程施工产值8116亿元，占全省总产值的68.2%，从事铁路、公路、桥梁、机电、水利水电等领域企业的产值比重过低，大多数建筑企业集中在传统的房屋建筑市场竞争平台，同质化竞争严重。产业结构调整步伐缓慢，成为建筑业发展的制约因素。

（5）人才培养和专业素质提升急待加强。虽然传统上建筑业是属于劳动密集型的产业，但是随着劳动力的数量优势和成本优势逐渐消失，行业老龄化趋势严重。据部门统计数据得出，77%的现场工人年龄在40岁以上，82%的建筑工人为初中及以下学历，取得技能等级证书的技术工人仅占10.7%。企业经营管理人才队伍综合素质不高、高技能人才短缺，行业发展面临的创新能力和人力资本不足问题已经显现。

（6）建筑市场管理机制尚不完善。建筑市场监管力度偏弱，如招投标过程中排斥潜在投标人、妨碍公平竞争以及串通投标、挂靠、转包、违法分包等违法违规行为依然存在。行业监管信息化水平不高，市场机制在行业准入和清出、优胜劣汰方面作用不足。

（7）对建筑业的重视程度还需进一步提升。四川省内部分地方政府对建筑业的关注和重视程度不够，虽然一些地方出台了扶持建筑业发展的政策意见，但落地实施的措施较少，影响了建筑业发展。如四川省建筑业民营企业完成的建筑业总产值占全省总产值的70%，但推行PPP模式的建设项目，民营企业很难参与其中。

2. 四川省建筑业转型升级面临的挑战

（1）从“注重数量”转向“注重质量”。现阶段，四川省建筑业一般具有大数量、小力量、弱能力的特点，其中最为明显的特征是整体管理水平不高。四川省各部门应鼓励建筑企业培育品牌力度、加大技术创新、加强企业的集中度并培育出具有核心竞争力的骨干企业，达到推动建筑业不断做优、做大和做强的目的。

（2）从“规模扩张”转向“结构优化”。在四川省建筑业发展过程中，具有大而不强和规模过度扩张的情形，这既是困扰四川省建筑业发展的难题，也是造成建筑产业结构不合理的原因。四川省建筑业必须走转型升级的道路，不断将建筑业扩展到高附加值和新兴领域上，最终形成突出主业和适度多元化的建筑产业发展新格局。

（3）从“要素驱动”转向“创新驱动”。随着经济发展和技术的进步，劳动力的数量和成本形成的优势会越来越弱。在建筑业发展过程中，创新能力和人力资源不足的问题已经开始不断地显现。为了提高建筑业的生产力，需要加快向创新驱动转变，提高建筑质量、效率和动力变革，不断为建筑业注入创新活力。

（4）从“粗放发展”转向“绿色发展”。四川省建筑业发展模式中，粗放发展模式较为突出，传统的建筑作业方式已经跟不上时代的需求。绿色发展是新时期建筑业的重要理念，为了达到降低建造过程环境污染和资源消耗的目的，要不断推进低碳率的建造工艺、技术和材料，持续绿色施工。[①]

① 把握新要求 迈向新时代 推动建筑业高质量发展 [N].中国建设报，2018-06-20（1）.

第二节　高质量发展理念的提出

一、基于国家层面高质量发展理念的提出

我国经济已由高速增长阶段转向高质量发展阶段，推动高质量发展，是保持经济持续健康发展的必然要求。为了全面建设社会主义现代化，推动高质量发展已经成为必由之路，这也是遵循经济规律的必然要求。

自党的十八大召开以来，对经济发展阶段性特征的认识不断深化。党的十八大以后，我国经济发展处于增长速度换挡期、结构调整阵痛期和前期刺激政策消化期“三期叠加”阶段，面临着经济发展速度换挡节点。2014年，中央经济工作会议指出，我国经济发展进入新常态。适应、把握和引领新常态是当前和今后一个时期我国经济发展的大逻辑，是经济发展到一定阶段时呈现的状态，预示着经济发展的环境、条件、任务和要求，都从本质上发生了变化。经济增长从高速度发展转向高质量发展；发展方式实现了从规模速度型向质量效率型的转变；经济结构转向为调整存量、做优与增量并举。除此之外，经济发展动力由原来依靠低成本劳动力等要素转变为依靠要素创新驱动。这些变化使我国经济发展向更高级的形态、更优化的分工和更合理的结构阶段转变。党的十九大报告进一步指出，我国经济已由高速增长阶段转向高质量发展阶段。

高质量发展是一种新的发展理念，其发展特点是：创新成为第一驱动力，协调成为内生特点，开放成为必由之路，共享成为根本目的。概括地讲，高质量发展是实现从“有没有”到“好不好”的转变。

在高质量发展的过程中，始终坚持质量第一、效率优先、不断推动经济发展的质量和效率变革，并加强经济的创新力和竞争力。要使高质量发展取得新成效，就要加快形成可以推进素质变化、效率变化和经济发展动力变化，并加快形成与高质量发展有关的一系列制度体系。该考核体系包括各种制度体系、国家政策体系、实施标准体系、发展效果的绩效评价和考核体系。

二、基于四川省层面高质量发展理念的提出

四川省召开的第十一届委员会第三次全体会议，提出了《中共四川省委关于全面推动高质量发展的决定》，针对实现四川省的高质量发展提出了26条举措，这些举措为四川省抓好落实高质量经济发展提供了明确的方向。当前，四川省的经济发展正处于新起点上，处于转变类型发展、创新发展和不断跨越发展的重要时期。全面落实新发展理念成为推动四川省经济高质量发展的必由之路。

党的十九大报告指出，中国经济已经从高速增长阶段转向高质量发展阶段，此阶段是转变发展方式、优化经济结构和转换增长动力的攻坚阶段。[①]建筑业要树立高质量发展理念，加快其转型升级。

第三节　建筑业转型升级背景下高质量发展的内涵

党中央、国务院综合考虑了国际和国内的政治经济形势，做出了实行高质量发展的重大决策。实行高质量发展是实现中华民族伟大复兴的重大决策。建筑业高质量发展不仅仅是追求发展速度，而是通过各种技术创新、服务创新和产品创新，以及不断提高产品和服务的附加值，真正掌握有效的核心技术，以实现绿色低碳可持续发展。

在推动高质量发展的过程中，既要思考如何实现从“高速度”发展转换为“高质量”发展，还要思考如何优化经济发展结构及转换增长动力等问题，不断增强建筑业的创新力、竞争力以及带动力。在高质量发展的过程中，紧紧抓住高质量发展的深刻内涵，为高质量的发展创造和完善制度环境。在此基础上全方位地推进建筑业转型升级，从而形成一个具有规模较大、产业结构合理、创新驱动能力强劲、经济效益较高的支柱产业。

建筑业高质量发展的内涵主要包括以下六个方面。

① 袁正刚.建筑企业的数字化转型之路[J].施工企业管理，2019（2）：38-40.

（1）以人为中心：建筑的本质是通过提高工程项目的质量，加强各类自然灾难的保护，满足人们心理、生理、安全保障等需求。努力创建一个健康、舒适、和谐、生态的居住环境，引领全面小康生活。

（2）“技术+文脉”：因地制宜应用绿色技术，通过建筑体量及造型主动调节光、风、温湿度等室内环境，降低建筑能耗的同时传承地域建筑文化。

（3）智能化：建筑业的发展要结合大数据技术，建设智慧建筑、社区及城市。

（4）人性化：更加注重从人的需要出发，创造安全、健康、舒适、自然、优美的室内外建筑环境，使人有更多获得感，做到以人为本，而非以房为本。

（5）本土化：更加注重发挥建筑设计的重要作用，赋予建筑天然绿色基因和体现地域、文化特征。

（6）低碳化：更加重视建筑全生命期过程中的绿色，从着重关注“建筑运行过程”扩展到建造、运行、改造、拆除的各个阶段；更加重视建筑全面降低资源环境负荷，从之前把重点放在“节能”上，到把重点放在节能、节地、节水、节材和环境保护上。①

只有实现以上目标，才能真正实现建筑业高质量发展。

第四节　建筑业转型升级与高质量发展之间的关系

从建筑业的发展情况来看，影响其高质量发展主要有三个因素：不断老龄化的从业人员、频发的建筑安全事故和因技术水平导致生产能力较低。在全球范围内，建筑业劳动生产力的增长速度普遍低于整体经济。通过对全球GDP占比达到96%的41个主要经济体进行调研发现，制造业的生产水平都远远比整体的经济水平高，但是建筑业的生产水平却比整体经济水平还低。因此，建筑业只有通过转型升级才能实现高质量发展，实现转型升级就需要研究造成制造业和建筑业之间差距的原因。

---

①　修龙.新时代实现建筑业高质量绿色发展的思考[J].建设科技，2018（24）：15-18.

要加快推动建筑业的转型升级，就需要制定一系列决策来促进其持续健康发展。在高质量发展过程中，需要不断创新求实，坚持“政策引领+绿色环保+多元合作+人才培养+监督管理”五个相结合。

结合“不忘初心、牢记使命”主题教育，不断推进建筑产业现代化，形成以标准化设计、工厂化生产、装配化施工、一体化装修、信息化管理、智能化应用为主的格局。加快建筑业转型升级，共同促进经济社会的高质量发展。

推动建筑业转型升级是一个整体性、系统性的工程，需要党和政府的政策推动与扶持，需要设计与施工企业的责任担当和长远发展眼光，需要各级供应商的同步配合。质量不仅是建筑业的生命线，也是推动建筑业转型升级的前提和高质量发展的必然要求。

第三章
四川省建筑业转型升级背景下高质量发展面临的困境与机遇

第一节　四川省建筑业发展现状分析

建筑业支撑着国民经济的发展，其对国民经济的贡献体现在多个方面，如充分带动关联产业的经济增长，推动区域经济发展，加速新型工业化和城镇化建设，吸纳农村富余劳动力解决其就业问题等。近几年，四川省委及省政府在政策方面加强对建筑业的支持，并以结构调整和转型升级为目标，改善行业发展条件，寻找新的经济增长点和前进动力，四川省建筑业有了显著的发展。

一、建筑业总产值增长变化状况

2018年，四川省建筑业总产值居西部第一，全国排名第五，其中建筑业总产值达到14533.6亿元，同比增长22.1%，占全国建筑业总产值的5.5%，比2017年提高0.2%；房屋建筑业的产值占建筑业总产值的68.8%，产值达10004.1亿元，同比增长23.3%。产业结构呈多元化趋势，从以房屋建筑为主开始转向国家重点投资的项目，例如市政、交通、水利、地下管廊等。建筑业与其他产业之间的相互联系通过合作、并购、股份制等形式，实现产业的转型升级。另外，四川省建筑业增加值占地区生产总值比重的7.9%，比2017年提高0.2%，其增加值占地区生产总值比重比全国平均高1%；四川省建筑业缴纳地税总额477.43亿元，同比增长22.8%。

2018年1月，四川省人民政府办公厅印发《关于促进建筑业持续健康发展的实施意见》(川办发〔2018〕9号，以下简称《意见》)，主要目的在于贯彻落实《国务院办公厅关于促进建筑业持续健康发展的意见》，进一步深化四川省建筑业“放管服”改革，加快产业转型升级和促进四川省建筑业持续健康发展。该《意见》的发布为四川省建筑业突出经济发展质量、优化发展环境、实现建筑业大省向强省的转变指明了方向。

在《意见》指导下，横向和纵向对比结果为，四川省建筑业2018年在一定程度上实现了质与量的提升和飞跃，推动整个国民经济的发展，不仅增强了行业经济实力，还在扩大自身、影响力的前提下，使建筑业成为支撑产业，并产生了较大影响力。2002年，建筑业总产值占全省GDP的26.36%。随着建筑业在国民经济中的比重不断提高，2018年建筑业总产值增加8240.6亿元，占GDP的35.73%，增加了9.37%。2012—2018年建筑业总产值占GDP的比重如图3-1所示。

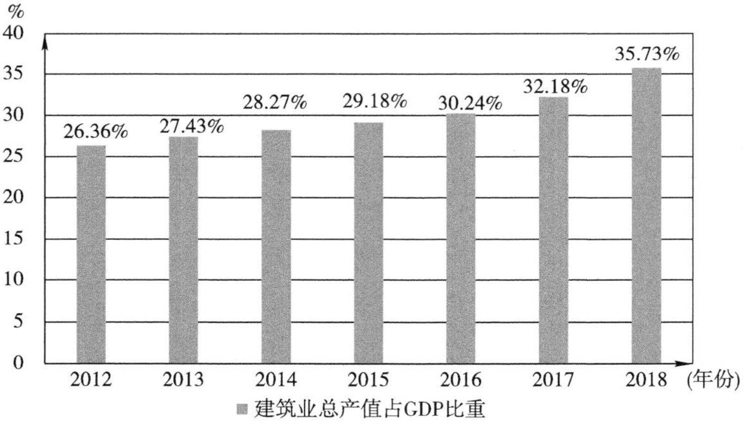

图3-1　2012—2018年建筑业总产值占GDP比重

二、建筑行业规模现状

四川省建筑业中大多数企业缺乏相应的核心竞争力，虽然企业数量较多，但竞争实力不强，规模和品牌影响力都不显著。2018年，四川省建筑企业共5230家，但特级、一级施工总承包企业增加数量较少，增加量分别为4家和70家，总数分别为25家、765家。四川省总承包企业完成产值13634.5亿元，占总产值的93.8%。为了促进四川省建筑业品牌价值、规模总量、发展潜能、质量效益和市场影响力的提升，四川省住房和城乡建设厅出台《关于推动建筑企业高质量发展的意见》，提出相关建议和制定相关措施来确保建筑业转型升级和高质量发展目标的实现。2018年，四川省评定出“天府杯”128项，省级标化工地159个，44项工程被列为四川省建筑业新技术应用示范工程，20个工程项目通过四川省建筑业新技术应用示范成果验收，评审通过省级工法551项。为了提高建筑业的经济增长效率，大力提升工程建设、管理信息和智慧化水平，推动建筑行业规模的壮大和高质量发展，故在BIM技术上开展试点示范，使BIM技术在规划、勘察、设计、施工和运营维护全过程的集成应用中得到推广。

三、建筑队伍素质发展现状

四川省加大人才引进培养力度，立足行业发展需求，着力专业技术人才培养和建筑工人职业技能提升，涌现一定数量的管理、技术、高技能建筑人才。截至2018年底，全省累计培训建筑工人和现场管理人员150余万人，60万建筑工人取得技能等级证书，30余万人取得建筑类注册执业资格证书，10余万人取得建筑工程中、高级专业技术职务资格。2018年，全国建筑业从业人数超过百万的地区共16个，其中四川省从业人数为352.9万人；按建筑业总产值计算的劳动生产率约为32万元/人，比2017年增长了12%左右。同年，进行建筑工人职业培训考核的机构共计102家，培训合格后发放13.33万本全国统一编码的住房城乡建设行业技能人员职业培训合格证，同比增长135%。建筑行业国家鉴定所（站）四川省共计21家，总计鉴定合格并颁发1.03万本国家职业资格证书，同比增长125%。以上数据主要源于四川省大力坚持人才兴川的战略。首先加强对技术人才、新型人才的引入和培育，在市场引导下构建技术创新体制，以建筑企业为主、产学研为辅。其次，加强对建筑专业人才数据库的设立，打造以中、高级技工领头的技术人才队伍，推进培训证书省级互认、行业互认等，以受过专业培训或职业教育的高素质建筑人才为主推动建筑业的发展，严格建筑工程专业技术职称评定要求，对于引入的高级技术人才和做出较大贡献的专业人才在职称评审环节搭建“绿色通道”。另外，四川省正在着力培养一支新时代建筑专业工人队伍，对建筑工人实行公司制度化管理，加速推进建筑业农民工向技术工人转型，同时建立健全四川省建筑工人实名制管理服务信息平台，维护建筑工人的各项合法权益并推广工人职业健康教育。

四、建筑工程质量安全管理现状

2018年3月，中共四川省委、四川省政府出台并印发了《四川省开展质量提升行动实施方案》，以深入贯彻落实《中共中央国务院关于开展质量提升行动的指导意见》，在建筑业中全面执行质量强省政策，保证质量综合提升，把质量强省策略放在关键位置，塑造建设西部质量高地、增强质量安全管理基本水平，提高客户对质量的满意程度。工程上先后完成了向家坝电站、雅西高速公路、成都双流机场T2航站楼、成都地铁等一系列科技含量高、使用要求高、施工难度大的重大工程项目。2018年，四川省生产安全事故起数和死亡人数同比分别下降16.0%、11.9%，全省安全生产形势总体稳定。近五年来，有16个项目获“鲁班奖”、30个项目获“国家优质工程奖”，通过创建精品活动促进了企业技术、管理和综合实力的提升，发挥了精品工程的社会“品牌”效应。

五、建筑业“走出去”发展成效明显

四川省建筑业在发展过程中坚持“走出去”战略，鼓励和推动综合实力较强的建筑企业大力开展省外、海外业务，加强同相关省市的联系和互动，激励省内建筑企业与大型国有企业、省外企业建立战略联盟，联合参与省外的项目建设。四川省住建厅与商务厅联合签署框架协议，合力助推四川省建筑企业进军境外市场，特别是“一带一路”涉及的国家和地区。目前，四川省建筑企业承包的工程项目已遍及全国31个省市及中东、北非、东南亚等30多个国家和地区。2018年9月，四川省政府发布《关于畅通南向通道、深化南向开放合作的实施意见》，其主要目的在于进一步畅通四川省南向通道，全面对接粤港澳大湾区、珠三角经济区等发达地区，充分利用广西、云南等沿海沿边开放口岸，深化与东南亚、南亚、澳大利亚、新西兰等南向国家（地区）开放合作，推动四川省建筑业主动融入国家对外开放战略。

六、建筑业发展现状

第一，对建筑企业相关活动的行政审批流程得以精简。比如，在对建筑企业资质审查过程中取消资质许可初审环节，解决审批过程环节过多造成时间和精力浪费的问题。在审批方式上优化完善网上审批流程，全面实现资质网上申报审批，提高办事效率。

第二，构建建设工程造价信息大数据库。建立科学合理的工程造价计价体系，定期发布各类建设工程造价信息，向社会及时提供合理的造价指数、指标，为推进工程总承包模式和发展装配式建筑提供数据支撑。

第三，推进建筑市场信息化建设。建立全省建筑企业、从业人员、建设项目和诚信信息数据库，促进全省建筑市场监管与诚信一体化工作平台与全国的信息系统对接，及时公开企业和从业人员等相关信息。

第四，清理和创新工程承包过程中的担保方式。开展清理和规范工程建设领域的保证金工作，在2018年清理出无法律、法规依据收取的各类保证金17项，涉及金额12.8亿元。推行建设工程保证保险，在全省开展为期2年的建设工程保证保险试点期。

第五，保障建筑工人合法权益。比如，落实农民工工资支付主体责任，做好工程建设领域的治欠保支工作，严肃查处民工工资拖欠行为。2017年，四川省住房城乡建设系统共查处拖欠农民工工资案件1600余件，为8万余名农民工解决拖欠工资近12亿元。

第二节　四川省建筑业高质量发展现状及面临的困境

一、四川省建筑业高质量发展的现状

1. 四川省建筑业高质量发展整体情况

近年来，由于各级政府对建筑业的发展高度重视并积极推进，为推动高质量发展打下了基础。2018年，四川省建筑业完成总产值1.45万亿元，占全国

建筑业总产值的5.5%，在全国排名第5位；实现建筑业增加值3223.7亿元，占全省GDP的比重为7.9%；建筑业缴纳地税477.43亿元，占全省地税总收入的8.9%。

目前，建筑产业作为四川省的经济龙头产业之一，其产业规模与日俱增，截至2018年末，四川省建筑企业已有5320家，其中特级资质企业25家。此外，还有3409家勘察设计单位，5家设计综合甲级资质企业，其中建筑企业有10家产值超过百亿元，有2家企业产值超过500亿元。

四川省建筑企业通过结构的调整、经营机制的转换，产业结构已逐步从以房屋建筑为主转向国家重点投资领域，实现向其他相关建设领域的转移、跨越和延伸。为了全面实现装配式建筑信息化管理，加快推进装配式建筑平台发展，四川省住房和城乡建设厅成立了推进装配式建筑发展领导小组，建立全省装配式建筑专家库，完成“四川省推进装配式建筑发展行动方案”课题研究，制定《四川省装配整体式住宅建筑设计规程》等9项设计、施工、质量验收技术标准和4项图集。目前，四川省有成都、广安、眉山、乐山、西昌5个装配式建筑试点城市，已建立25家装配式建筑基地，同时住房和城乡建设部将8家基地评为产业基地，将成都、广安评为全国第一批装配式建筑示范城市。

自2018年以来，四川省建筑业以“高质量发展”为主题，积极促进建筑业向高质量发展转变。2018年4月3日，四川省住房和城乡建设厅在眉山召开了全省推动建筑业高质量发展工作会。四川省住房建设厅统一部署了建筑业的高质量发展战略，计划从扶持企业做好做强、大力发展装配式建筑、稳步提高工程质量和安全水平、大力提高从业人员素质、大力实施“走出去”、优化发展环境六个方面促进建筑业转型升级和高质量发展。

2. 四川省主要市县和典型建筑企业高质量发展情况

四川省持续开创高质量发展新格局，积极探索适合自身发展的支点，开启高质量发展之路，形成多元化发展的新格局。主要以成都、广安、泸州、南充、德阳、乐山等城市和华西集团、西南设计院等企业为代表。

广安、眉山等城市不断探索建筑业高质量的发展路径，以装配式建筑作为着力点构建装配式生产基地。例如，广安市不断引进大型外地品牌性企业，如杭萧钢构、重庆钢构等，优先推行装配式建筑。在民生工程、美丽新村建设等方面，逐渐形成了政府主导、各级推广发展的新格局。

成都市以加快推进建筑业供给侧结构性改革为主线，以公园城市为目标，促进建筑业转型升级和高质量发展。不断完善、建立装配式体系，包括政策体系和技术标准体系，以实现“到2020年，成都市房建工程单体建筑预制装配率不低于30%”的目标；对于市政工程，如隧道、道路、轨道交通等项目除必须现浇的部分外，全部实现预制装配化，从协调引领到生产基地各环节都做了较为细致的规划和落实。

泸州等城市从自身实际情况出发，相继出台了装配式建筑发展的指导意见，通过试点带动示范，不断实施装配式工程项目的建设。树立大市场的观点，实施现代企业管理制度，加快拓展市场。企业层面力求在资质上向国家重点投资方向和专业领域扩展，在等级上不断向高一级资质晋升，在创先争优、精品工程、规模工程上不断有新突破。建筑企业向规范的现代企业方向发展，牢固树立法律意识和诚信意识，树立企业良好形象。在对外策略上着力打造建筑企业抱团发展，做强产业链条，形成真正的建筑产业集群。在管理上着力提升政务服务环境、政策环境、法治环境等发展保障，更好地服务企业。

德阳市在推进建筑业高质量发展过程中，抓住实施实名制管理的建筑业信息化的机会，在积极推进德阳市建筑信息化发展工作的基础上，提升建筑产业的信息化水平。根据2018年统计数据，德阳市实名制覆盖率市级达到100%，县（市、区）已达到70%。

乐山市的住房和城乡规划建设局将“城市提质、效能提速、改革创新”作为落实“放管服”和营造良好营商环境的重要措施。在政务等方面不断创新，通过精简流程、缩短办理时限、合并和取消审批、提升服务质量等方式做好企业服务，取得了显著成效。同时，锁定乐山城市发展目标，立足自身定位和建筑业实际情况，发扬“干在实处、走在前列”的精神，因地制宜，创新模式，为乐山建筑业发展注入新动能。建设主管部门不断尝试将保险引入建筑业，施行政府引领、市场化运作，构建“保险+服务”的担保制度，推进建设工程保证保险试点，切实减轻企业负担。

南充市为全面把握行业发展机遇，有效应对市场挑战，推动全市建筑业高质量发展，将建筑业大市打造成建筑业强市，住房和城乡建设局积极开展调研，根据实际情况采取相应策略推进建筑业高质量发展。首先，成立推动建筑业高质量发展工作领导小组、建筑业法律服务保障领导小组、建筑工程施工总承包特级、一级资质申报工作领导小组，帮助企业晋档升级。其次，大力实施“走出去”发展战略，突出抓好省内外市场并积极开拓国外市场。发挥资源优势，以开发项目为载体，带动建筑业、建材业和服务业一并发展，形成产业链，有效地拓展省外和境外市场，提高国内外市场的占有率。

通过改革、创新和实践推动建筑业高质量发展，比如在推行工程总承包模式方面，中建西南设计院取得显著成效，成为最早一批实施EPC项目的先驱者，在过去十多年的实践中，为EPC积累了大量的宝贵经验。中建西南设计院采取以设计为依托的总承包模式，有效地克服了以往因设计、采购、施工分离造成的中间脱节、延误工期问题。再如，华西集团作为四川省建筑企业的引领者，紧抓国家发展战略转型发展机遇，近年来在工程质量安全上取得了较好成绩；在“走出去”中，加快实施“一带一路”步伐，在马来西亚、印度、孟加拉国、印度尼西亚等国家进行市场布局，海外营业收入比重逐年加大。

二、四川省建筑业高质量发展中存在的问题及原因

建筑业既是传统产业，又是推动经济发展的优势产业。随着高质量发展理念的提出，四川省建筑业为实现预定目标落实新发展理念，加快转型升级和弥补短板。目前，四川省建筑业在实现高质量发展目标过程中存在质量、结构、市场、创新和绿色五方面的问题。

虽然四川省建筑企业数量较多，但整体上存在单薄弱小、管理水平不高，核心竞争能力不强，领先骨干企业相对较少的问题。体现了偏经营、缺乏核心技术和关键技术的特点。

针对结构问题，需将“规模膨胀”转为“结构革新”。目前，四川省从事房屋建筑工程建造的企业数量占所有建筑企业数量的74%，而从事专业工程，比如桥梁、铁路、水利水电、公路等的企业数量所占比重相对较低。因此，

困扰四川省建筑业发展的难题主要体现在：建筑业大而不强，建筑企业同质化竞争过度，产业结构不符合高质量发展趋势，既不利于建筑企业效益的提高，又阻碍了建筑技术创新的发展。另外，在四川省建筑企业拥有的资质业务类型中总承包、专业承包、劳务分包三种类型比例不均衡，总承包企业数量较多使总包市场过度竞争，而一些中小型企业无法承包到工程，不利于建筑业的高质量发展。

针对市场问题，要将“松散无序”转为“依法管理”。由于建筑业发展迅速，市场形成的约束机制跟不上行业发展步伐，经营秩序不规范，出现过度、恶意的行业竞争现象。而且建筑市场竞争激烈，存在压级、压价、垫资等不良行为，导致建筑企业资金压力较大，进而常做出“围标”“串标”和“陪标”等不法行为，制约了建筑业的发展。

针对创新问题，要将“因素推动”转为“创新推动”。建筑业在传统上属于劳动密集型产业，从业人员老龄化趋势严重，高级专业技术人才严重不足，劳动力要素形成的数量红利和成本优势逐渐消失。因此，建筑企业变革的核心竞争力依然是其拥有的高水平、高技能人才。

针对绿色发展问题，要从“粗放发展”转向“绿色发展”。长期以来，建筑施工现场扬尘、噪音等污染严重，加大了建筑产品资源消耗和环境污染。随着资源和环境约束不断强化，传统发展模式已经不能适应新时代的发展需求。因此，必须坚持生态优先、绿色发展理念，推进建筑节能与绿色发展，坚持绿色施工，推动建筑垃圾有效处理和再利用，降低建筑产品资源消耗和环境污染。①

第三节　四川省建筑业高质量发展面临的机遇

党的十九大以来，我国建筑业在建造能力不断提升和产业规模不断壮大的基础上，为完善城乡结构、社会经济发展等提供了强大的支撑。

① 张正红.建筑业实现高质量发展须闯四道关[N].四川日报，2018-09-27（2）.

四川省建筑业发展面临着新的机遇：第一，城镇化、农业现代化、工业化、信息化和绿色化的协同发展，对建筑业发展提出新要求；第二，“五位一体”促进建筑产业现代化发展，其中涵盖社会、政治、经济、文化和生态文明建设；第三，新型城镇化稳步增长，并已迈入转型升级新阶段，主要以质量提升为主。四川省建筑业面临的机遇主要表现如下。

（1）新型城镇化建设带来较多的工程项目，为建筑业高质量发展提供了动力。根据四川统计年鉴数据显示，至2018年末，四川省常住人口城镇化率为52.29%，根据《四川省住房城乡建设事业“十三五”规划纲要》，到2020年四川省城镇化率将达到54%。由于四川省人口基数大，社会固定资产投资随着城镇化的提高而大幅度增加。随着城镇化建设的持续推进，房屋建设、基础设施建设、工业建设等领域的投资需求将大量增加。

（2）国家和区域发展战略包含的大量投资需求为建筑业高质量发展提供了平台。比如，随着军民融合政策的实施，富国、强军二者相互统一，建筑行业发展面临的机遇会在军民融合过程中随着工程项目数量的增加而增加。近年来，国家出台了大量的扶持政策，如出台了关于东部、中部和西部多个区域的政策性文件；制定了一系列发展战略，如在中、西部地区培育出一批经济增长极，包含：关中—天水、成渝中原经济区、皖江城市带。这些政策和战略均为建筑业高质量发展提供了良好的发展机遇。

（3）大量的城市基础设施建设为建筑业高质量发展提供了空间。2017年5月，住房和城乡建设部、国家发展改革委联合发布《城市市政基础设施建设“十三五”规划》提出，到2020年，建成与小康社会相适应的布局合理、配套齐全、功能完备、安全高效的现代化城市市政基础设施体系，充分体现城市基础设施对经济社会发展支撑能力；提出新增城市道路10.4万公里，新增道路面积19.5亿平方米；加大轨道交通网络覆盖率，新增城市轨道交通运营里程3000公里以上；结合道路建设与改造、新区建设、旧城更新、地下空间开发等，建设干线、支线地下综合管廊8000公里以上，等等。2017年3月，住房与城乡建设部发布《关于加强生态修复城市修补工作的指导意见》，涉及水体治理和修复、改造老旧小区、改善出行条件等，同样涉及大量建筑类工程项目。

（4）“一带一路”建设为建筑业高质量发展提供良好机遇。党的十九大报告指出，推动形成全面开放新格局，即要以“一带一路”建设为重点，坚持“引进来”和“走出去”并重，遵循共商共建共享原则，加强创新能力开放合作，形成陆海内外联动、东西双向互济的开放格局。2017年5月，在北京召开的“一带一路”国际合作高峰论坛，提出了加大项目合作、加大资金支持等多项新举措，取得了一系列成果，对深入推进“一带一路”建设具有重要推动作用。而“一带一路”沿线国家，大多具有较大的基础设施建设需求。2019年，“一带一路”沿线国家的互联互通项目将优先发展，这为我国建筑企业带来了跨越式发展的良好机遇。

（5）产业转型升级为建筑业高质量发展提供宝贵机遇。自2014年以来，我国工程项目（特别是基础设施项目）PPP模式已经成为建设的主要模式。2018年，虽然PPP模式经历调整期，但基本方向不会改变，以PPP、BOT为主的项目投资市场将迎来规范发展期。规范发展的融资和投资市场将为建筑企业转变发展模式、提升国际化竞争力提供历史机遇。2018年12月，住房和城乡建设部就《房屋建筑和市政基础设施项目工程总承包计价计量规范（征求意见稿）》向社会征求意见，明确了计价方式、清单编制、投标报价限价、合同价款、结算支付等关键内容。2020年，随着建设主管部门的力推和建筑工程发承包制度的转变，建筑行业由施工总承包向工程总承包转型的步伐将加快。

（6）新技术的创新和应用助推建筑业向高质量发展迈进。绿色低碳和可持续发展是建筑业甚至各个产业未来的发展趋势。走“建筑设计标准化、构件部品生产工厂化、建造施工装配化和生产经营信息化”的新型建筑工业化之路，是现代建筑业发展的方向。①近几年，国家大力推行装配式建筑并出台了一系列政策，如中共中央、国务院《关于进一步加强城市规划建设管理工作的若干意见》指出，要大力推广装配式建筑，减少建筑垃圾和扬尘污染，缩短建造工期，提升工程质量，要求“力争用10年左右时间，使装配式建筑占新建建筑面积的比例达到30%”。2018年2月，《装配式建筑评价标准》作为国家标准正式实施，标志着装配式建筑从试点示范走向全面推广阶段。

① 陈雪峰.新常态下建筑业发展十大新趋势[J].建材发展导向，2015（24）：84.

预计未来几年，装配式建筑将得到大力发展。另外，互联网时代信息技术和数字技术，如建筑信息模型（BIM）、云计算、大数据、物联网、移动互联网、人工智能及3D打印、区块链等技术的逐渐应用，对建筑业将产生深刻的冲击和影响，成为推动建筑业转型升级的重要力量，将大幅提高工程项目的精细化管理水平和经济效益，带动建筑业从要素驱动、投资驱动向创新驱动转型。

第四章
四川省建筑业高质量发展的影响因素分析

第一节　四川省建筑业高质量发展的外部影响因素分析

一、宏观政策对建筑业高质量发展的影响

1. 经济政策

建筑业不仅是国民经济的支柱产业，还是工业体系的中坚力量，直接关系到我国综合竞争力的大小。因此，政府制定的经济政策对建筑业高质量发展会产生重大影响。我国区域之间经济发展不平衡，东、西部地区经济差距较大，四川省作为中国西部地区第一人口大省，其内部经济发展也处于不均衡状态。鉴于此，相关部门联合提出了四川省建筑业转型升级下的高质量发展意见。经过多年财力转移支付、财税政策的扶持，当前四川省建筑业的发展逐渐呈现出多元化的发展趋势。为了尽快促进经济体制改革与建筑业经济增长之间相互作用关系的形成，积极发挥经济体制改革对释放经济潜力的作用，针对四川省建筑业高质量发展，政府出台了许多优惠政策。在产业转型的前提下，建筑业将通过政府提供的各种经济优惠政策，向高质量方向持续发展。

2. 财税政策

完善的财税政策是保证建筑业发展持续稳定增长的关键。[①]四川省建筑企业还存在技术创新能力不足以及技术创新成果不显著的问题。鉴于此，四川省建筑企业通过继续实施技术创新以驱动企业发展。因此，政府可以通过财税政策优惠激发建筑企业技术创新的积极性，推动创新成果的市场转化，使

---

① 闾志俊.制造企业绩效评价系统的构建[J].南通纺织职业技术学院学报，2007（4）：79-83.

创新成为促进建筑业高质量发展的重要引擎。

3. 管制政策

建筑业能源消耗大，在一定程度上对环境和生态造成较大影响。在可持续发展理念下，建筑企业生产经营受到各种条件限制，比如，如何有效控制施工过程中产生的大量建筑垃圾问题。在建筑业的发展过程中，政府通过制定相关环境监督等政策规范建筑企业经营活动，其政策执行力度的强弱都将影响建筑业的发展。“波特假说”认为，当环境监理变得严格时，“创新补偿”将会得到快速发展，建筑资源的利用率将随之提升，进而产生更好的经济效益。[①]为此，政府需要制定合理的管制政策，抑制建筑垃圾和低经济效益现象的产生，进而推进建筑业发展。一方面，政府管制可以刺激建筑企业的技术革新，提高建筑业综合竞争力；另一方面，也对抑制建筑垃圾量的增加起到了一定的作用。

二、技术创新体系对建筑业高质量发展的影响

1. 国家创新系统

对于推动建筑业高质量发展来说，首先，在宏观层面上要形成国家创新系统。在建筑企业运营管理过程中，国家鼓励建筑企业实行创新。其次，国家创新体系中的子系统里应包含多个主体的内容，如政府、企业和相关金融机构，各子系统间存在着相辅相成和密切合作的关系，共同形成密切的网络联盟体系。在该体系中，为了促使建筑企业与其他各主体之间形成合作共赢的关系，需共享专业知识和创新能力，以达到共同实现社会经济预期目标。鉴于此，我国的建筑业应充分利用国家提供的创新平台，在提高其经济效益的同时，有效促进建筑业高质量发展。

2. 专利申请与授权情况

在建筑业高质量发展中，开展技术创新会涉及专利申请和授权等一系列问题。技术创新的专利申请量反映了建筑业在技术创新前期的投入和重视程度。建筑企业越重视技术创新，就会越加大对创新活动的资金投入力度，有利于提高专利质量。已通过授权的专利通过转化可以在一定程度上促进建筑企业的技术创新能力。

① 赵建军，郝栋.企业低碳化发展的科技创新之路[J].电焊机，2011，41（2）：1-5.

未来建筑业竞争力的提高主要依赖技术创新。对建筑企业而言，技术创新发挥作用需要良好的环境和完善的知识产权保护制度支撑，对企业技术创新具有促进作用。保护力度过大就会使创新效果下降，力度太小又会导致创新动力不足。总体上，知识产权保护环境与建筑企业的技术创新之间存在着相辅相成和相互制约的关系。

3. 技术市场环境

建筑业的发展必须依靠完善的技术市场环境。建筑企业间相互开展技术交流与合作，形成与建筑企业相关的无形资产，如信息传输、社会服务、实体技术等因素。由于技术创新在开展形式、鉴别方式和风险评估等方面具有许多独特的特点，导致在建筑企业间共享创新技术有时不能顺利进行。因此，技术市场的活跃度和流通情况对建筑业高质量发展具有较大影响。

4. 知识产权保护环境

改革开放以来，“中国制造”在全球价值链分工中处于低端位置，中国采取的“以市场换技术”的战略实施未达到预期效果，并未提升建筑业的技术创新能力和核心竞争力。2006年，国家提出“自主创新发展”战略，建筑业根据国家政策和战略，以自主创新为主要手段，把重心放在提升核心技术水平上，引领技术创新，带动行业产值快速增长。但是该战略实施结果显示，很多国内企业无法通过此战略提高技术创新，其中建筑企业尤为突出，原因在于未关注知识产权保护体系，资金投入力度不大。技术创新是提高建筑企业竞争力的一个非常重要的因素，创新结果属于企业无形资产，要提升建筑企业的经济效益，必须以具有促进作用的知识产权保护环境为依托，加快形成创新企业。国外学者Taylor和Silberston（1974）以研究“专利保护”的作用为目标对英国部分企业进行了考察。研究结果表明，如果没有或缺少“专利保护”等知识产权保护环境，企业的发展效果、创新动力和研发支出都将受到影响，从而造成行业的发展速度相对较慢。

三、服务环境对建筑业高质量发展的影响

1. 配套服务体系

建筑业是工业体系中一个巨大的行业体系，其发展离不开完整的社会配

套服务，包括律师事务所、会计师事务所、专业培训基地和创新技术孵化器等服务机构。比如，建筑企业在生产经营中面临的关于新技术产生的纠纷除了需要完善的法律协调外，财税事务方面还需要会计师事务所等组织的协助。除此之外，社会配套服务机构还将从生产、技术、管理、销售等多个关键环节为企业提供部分专业化的指导和支持，以帮助建筑企业及时有效地解决生产经营过程中遇到的问题，为建筑企业提供相关信息和服务。如科技前沿发展动态、市场信息及竞争状况、政府实施相关政策。与此同时，还可以协调企业与外部环境之间的关系，在一定程度上提高创新型建筑企业的发展效果。

2. 市场环境

对于建筑业的高质量发展，市场环境主要侧重于需求和供给两个方面。在需求市场方面，建筑业多以提供建筑物和构筑物产品为主，产品要满足现实的和潜在的市场需求，包括消费群体的个性化需求和潜在需求。对于供给而言，建筑产品的生产在很大程度上受消费者潜在需求的影响。

四、社会经济因素对建筑业高质量发展的影响

建筑业的发展会消耗大量的社会资源和物质资源，会对环境造成一定程度的影响，甚至产生破坏。资源消耗会影响社会和经济的发展，因此建筑业和社会的发展相互关联，两者呈现出相辅相成的关系。[①]建筑业在我国市场经济中具有举足轻重的作用，是一个相对复杂的系统，因此社会经济因素对建筑业高质量发展的影响相对较大。

第二节 四川省建筑业高质量发展的内部影响因素分析

通常情况下，建筑企业的经济活动系统是影响其高质量发展的内部因素。生产链上的组织单元、部门和流程都会对建筑业高质量发展起着重要

① 刘汉迪. 辽宁省房地产业与建筑业景气指数波动及关系研究[D].沈阳：沈阳建筑大学，2017.

的作用。建筑企业整合生产制造、技术开发等各活动环节，并建立协同机制，进而协调和评估综合发展效益。在对行业资源进行分配时，应该按照各组织的配备要求，建立一个顺畅有序的流程，进而提升建筑企业整体经济效益。

一、企业技术创新对建筑业高质量发展的影响

四川省建筑业高质量发展形成的生产效率和资源利用率与沿海地区相比还存在着较大的差距。生产效率、资源利用率与生产成本之间存在着直接的关系，生产效率和资源利用率水平下降会直接造成生产成本上升，导致建筑企业利润下降，最终使建筑企业的核心竞争力受到影响。技术进步是提升建筑企业生产力的核心因素，建筑企业要在激烈的市场竞争中生存和发展，必须成为技术创新的主体。四川省建筑业的高质量发展以自身特点和环境因素为基础，侧重于对使用设备的创新。尤其是近年来，四川省许多大型建筑企业逐渐重视提升设备的使用，充分利用现有资源发展技术创新。此外，在建筑业高质量发展过程中，建筑企业不但实施技术创新，还高度重视环境质量的改善。建筑企业实施技术创新促进建筑业高质量发展的内容主要如下。

（1）努力降低项目的建造成本。建筑业高质量发展过程中建筑企业进行项目建造，可以通过技术创新、调整生产过程和生产方式，在一定程度上提高生产效率和资源利用率。新技术的广泛使用可减少资源投入，降低生产成本，增加企业营业利润，提高企业的经济效益。

（2）从经济内增长理论的角度，实施技术创新后的建筑业高质量发展可以提高企业的研发效率。建设项目是技术创新应用的载体，以技术研发人员和机构为引擎，共同实现了建筑企业的生产技术和产品创新。由于创新效率受建筑业高质量发展过程中投入的直接影响，成为影响建筑企业价值的重要因素。因此，建筑企业需加大创新投入，通过技术创新创造更多的价值。

（3）互联网经济背景下，建筑企业跨国经营面临着重组、并购等风险，特别是在四川省多数建筑企业的市场适应能力不强的情况下，只有提高技术

创新水平，才能在日益激烈的市场竞争中生存和发展。

除此之外，虽然建筑企业为国民经济的发展提供了新的动力，带动了与建筑业有关的产业发展，但是需要制定相应的政策来规范建筑企业的生产经营活动。由于四川省建筑业的生产运营以传统的生产模式为主，造成行业的资源消耗高于东部沿海地区。因此，技术创新的一个新趋势就是低碳技术创新。

二、生产管理对建筑业高质量发展的影响

建筑企业能否将研发的新技术转化为生产力，需要依靠其生产管理能力。建筑企业的综合实力主要由新技术带来的生产管理能力决定，主要体现在以下4个方面。

一是企业的生产设备水平。建筑企业的新技术能否顺利地实施主要体现在，通过先进的设备设施保证多性能和高质量的建筑产品生产。建筑企业要实现成本控制和产品的高质量，需要新型设备设施。

二是拥有的专业技术人才。在建筑企业现有资源、新技术平台和先进生产设备的基础上，拥有的专业技术人才可以有效地确保企业或项目目标的实现。比如，技术人才为了更快地帮助建筑企业提高竞争力，通过分析建筑行业的潜在市场需求、技术发展与应用状况，推动建筑企业进行技术创新和战略调整，进而促进建筑业高质量发展。

三是企业的产品质量管理水平。产品质量是建筑企业生产和发展的第一重要因素，其好坏是衡量建筑企业的竞争优势和企业形象品牌高低的标尺。让客户信赖和市场认可的高质量建筑产品不仅可以形成良好的企业品牌，还可以成为促进建筑业可持续发展的基石。

四是科研能力。对于建筑企业而言，科研投入和较强的科研能力是开展技术创新的强力保障。建筑企业通过实施创新驱动来提高竞争力，除与创新联盟开展技术合作外，还需独立自主地进行技术开发以提高在市场和行业中的竞争力。科研经费的投入和科研计划的完成率能够反映建筑企业的科研能力：①投入科研经费。建筑业高质量发展中开展技术创新需要足够的科研经费支持，经费投入比例也应根据产出需求进行及时调整。近年来，建筑业面

临环境治理和技术创新的双重任务，经费投入比重的上升对技术创新的发展起着至关重要的作用。②计划的完成率。计划的完成情况从侧面反映了建筑企业的科研能力，科研经费的利用效率。完成率能够保障技术创新的持续推进和维持建筑企业创新联盟关系的牢固性。

三、人力资源管理对建筑业高质量发展的影响

作为建筑企业生产过程中最重要的生产要素，人力资源对可持续发展和经济增长起着重要的作用。因地域的差异，各区域的人力资本存量和质量存在很大区别。基于优越的地理位置和良好的经济发展水平，东南沿海地区吸引了大量的专业技术人才，但建筑业具有传统型和长期粗放性的特点，导致吸引优秀人才的比例较低。由于不同地区的经济结构和制度存在差异，也难以用统一的指标对人力资本进行衡量。人力资本投入的多少将直接影响建筑业可持续发展和技术创新的程度，尤其具有高水平的技术研发人才是持续推动建筑业高质量发展的主要动力。建筑企业要以人为本，为了实现长远发展目标，必须实行“人才强企战略”。若人才不能跟上企业战略的发展步伐，在短期内会造成经济效率下降，长期则必定会制约建筑企业的发展。因此，建筑企业必须把人才管理放在重要位置，建立各类人才管理体系，特别是关于技术创新人才和战略管理人才。企业的人才管理体系首先是员工分层管理。建筑企业具有规模大、部门多、人员队伍庞大的特点，要对不同岗位的员工进行分层管理。对基层员工除了满足基本的物质需求外，还需要满足其心理上和安全上的需要；对管理层员工，需要在情感和归属上给予满足和尊重；对高科技科研人员和管理者，更多的是给予其自我价值实现的需要。其次是人才培训，建筑企业人才队伍建设需要进行招募和选拔优秀人才，对在工作岗位中的员工进行培训。

四、建筑企业内部管理对建筑业高质量发展的影响

建筑材料、机械设备、资源和非物质技术资产都是影响建筑企业可持续发展的内部管理因素。因此，在资产投入之前，建筑企业需要制订一个完整而详细的计划，工程建设所需的资源配置需要根据项目施工周期确

定。资产投入对建筑行业科技创新具有保证作用，合作创新主体需要投入资金和其他资产，这些资源性资产将推动建筑企业的生产和经营。比如，建筑企业内部的财务管理对建筑业高质量发展产生的影响可以反映在经营成本方面，而经营成本主要体现在产品的建设材料费用、人工成本以及固定资产的更新三个方面。

第三节　四川省建筑业高质量发展内外影响因素耦合分析

目前，我国建筑业正处于转型升级时期，建筑业面临的环境在不断变化。通常依靠市场驱动和政府的支持，建筑企业涉及的各项资源得到合理的配置并最大限度地发挥作用，从而进一步促进建筑业高质量发展。首先，在建筑业高质量发展过程中，政策环境、市场环境、技术创新环境以及配套服务支持环境，都会影响建筑业高质量发展的总体水平。其次，为了实现建筑企业的整体战略目标，在企业系统内部采取了一系列的措施，创建协调机制，围绕企业的整体目标进行策划，结合建筑业高质量发展评价体系要求，共同促进建筑业高质量的发展。最后，在建筑企业管理层面，根据现有资源优势和企业目标，结合影响建筑业高质量发展的内部和外部影响因素制定战略规划，完善管理，提升建筑业高质量发展效果。因此，四川省建筑业高质量发展的内部和外部影响因素之间存在一些耦合关系。

一、政府政策与技术创新的耦合

市场经济的可持续发展需要相对稳定的国家经济政策予以支持，建筑业是中国经济发展中的主要力量，建筑业发展水平对国家工业化水平具有较大的影响，国家相关经济政策将明确保障建筑业在一个稳定的市场环境下释放出所有的发展潜力。与此同时，政府的财政和税收政策为建筑业提供了优惠条件。此外，建筑业可以有效地引进国外先进技术和科研成果，以促进其高质量发展过程中开展技术创新的积极性，尤其是技术创新中涉及的设施设备的更新。政府财税政策的支持将保障建筑业低碳技术的创新速度，并有助于建筑业调整能源消费结构。为使技术成果尽快地转化为现实生产力，需要将技术成果投入行业的实际使用中。政府政策与技术创新关系耦合如图4-1所示。

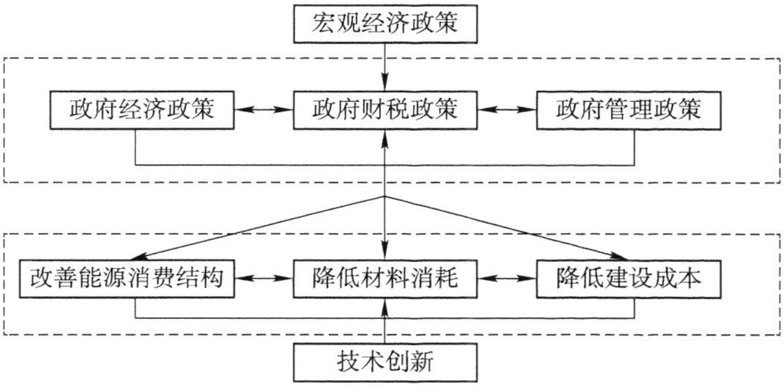

图4-1　政府政策与技术创新关系耦合结构图

二、技术创新体系与技术创新的耦合

建筑业技术创新的开展不仅受国家宏观经济环境及政府相关经济政策的制约，而且技术创新体系也直接影响技术创新水平的提升。例如，国家创新系统形成了整体的创新环境，具有全面调整和影响力。国家创新系统由许多子系统构成，其中包括政府、企业、金融机构等子系统，子系统之间相互影响、相互制约，为建筑业高质量发展提供有力支撑。又如，专利申请和授权数量为建筑业开展技术创新提供新的动力。技术创新的数量和专利申请的质量是建筑业在科研能力上的反映。此外，技术市场环境为建筑业与其他产业之间进行技术交流与合作提供了良好的发展平台，技术市场的活跃度和技术交流的频繁程度在提高建筑业高质量发展效果上发挥了重要作用。最后，良好的知识产权保护环境提高了建筑业的技术行为，促进建筑业创新能力的提高。技术创新体系与技术创新关系耦合如图4-2所示。

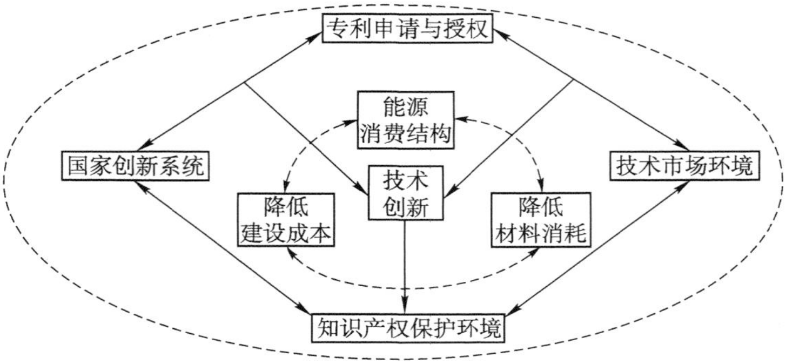

图4-2　技术创新体系与技术创新关系耦合结构图

三、服务环境与技术创新的耦合

建筑业是工业体系中的主力军。建筑业高质量发展与专业性较强的社会配套服务水平有着密不可分的关系。建筑业的发展需要这些配套服务为其提供支持和保障。与此同时，完善的社会配套服务体系在推动建筑业高质量发展过程中为技术创新工作提供专业化服务，为建筑业中的主体在市场竞争过程中提供有价值的信息。良好的市场环境从供给和需求两个方面影响了建筑业高质量发展中技术创新的实施。比如，低碳和绿色建筑的需求决定了建筑业高质量发展实施方向是在低碳创新方面。

综上所述，政府经济政策、技术创新体系、服务环境作为四川省建筑业高质量发展的外部影响因素，与内部影响因素产生了紧密的耦合关系，其关系结构如图4-3所示。

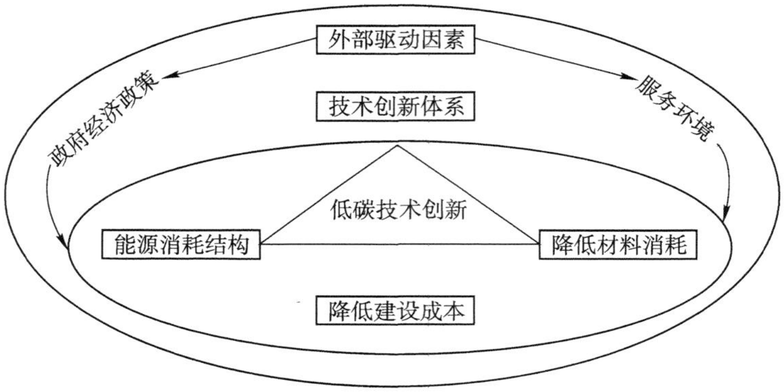

图4-3　技术创新内外部影响因素耦合关系结构图

四、技术创新体系、服务环境与运营管理的耦合关系

建筑业高质量发展的整个过程具有复杂性，技术创新体系和服务环境因素等构成的外部环境对建筑业的发展起着关键作用。

（1）技术创新体系与生产管理。国家创新系统使建筑业与其他产业在合作过程中实现多赢的模式，技术市场为建筑业高质量发展提供了合作平台。通过建立创新联盟实现新技术的交换和新知识的共享，从而使技术和知识的所有权和使用权得到改变。高效的生产管理体系可以有效地保证建筑业的技术人员和专家利用完善的技术创新体系，并依据高科技平台形成新的创新力。

（2）创新环境和企业科研能力。良好的国家创新系统是建筑企业进行技术创新、产品创新和科学研究的孵化器。任何技术创新和科学研究均需要组织之间相互合作。完善的国家创新系统和活跃的技术创新市场，使建筑业中从事科学研究的人员能够从外部高效地获取不同的创新信息。建筑企业通过知识产权的保护，维持科研活动，为其技术创新成果及无形资产提供了保障。

（3）服务环境和企业财务管理。社会配套服务体系的完善程度会间接影响企业的运营管理。社会配套服务贯穿建筑企业运营的各个阶段，协助建筑企业完成建设计划和目标控制。如建筑市场信息、竞争情况以及相关技术发展趋势可以由社会配套服务机构提供，使建筑企业在创新发展中节约了时间和物资资源。

综上所述，各种因素会综合影响四川省建筑业高质量发展效果，用鱼刺图分析法表示建筑业高质量发展的因果关系如图4–4所示。

由图4–4可知，建筑业的发展战略目标、影响因素、发展环境和评价结果都可以通过鱼刺图展现。在鱼刺图中呈现出生产设备水平、生产成本、市场占有率和员工培训等各个因素。大鱼刺代表着主要影响因素，如技术创新、宏观政策和服务环境等；小鱼刺代表次要因素，主要包括技术市场环境、国家创新系统、配套服务体系等。“建筑业高质量发展最优化”位于鱼头部分，代表着战略目标。根据鱼刺图结构特点，可以看出，影响建筑业高质量发展效果的核心要素是大鱼刺，小鱼刺是核心要素中的组成部分，所有内容都是建筑业高质量发展效果目标制定与评估不可缺少的内容。以呈现出来的内外

驱动因素为依据，可制定四川省建筑业高质量发展评价指标体系。根据建筑业发展情况适时地进行定量分析，提出促进建筑业快速发展的有力措施。①

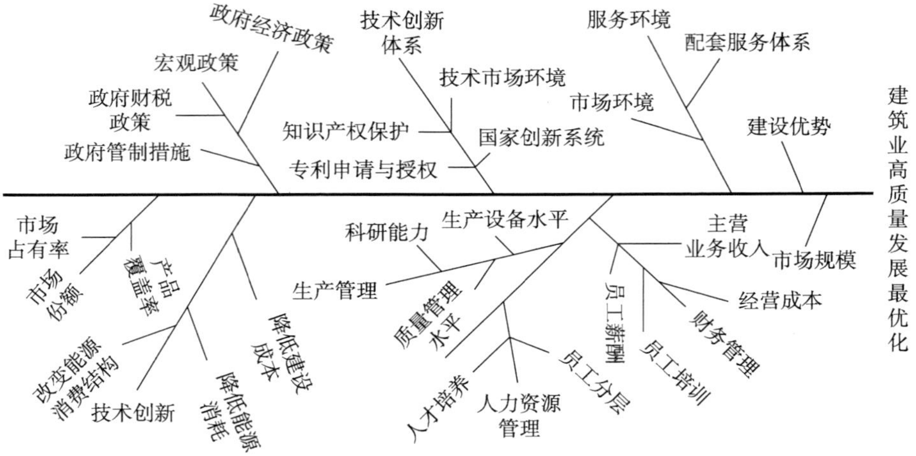

图4-4　建筑业高质量发展因果关系结构图

① 贾大风. 黑龙江省装备制造企业绩效评价及提升机制研究[D].哈尔滨：哈尔滨工程大学，2017.

第五章
四川省建筑业高质量发展效果评价体系

第一节　建筑业高质量发展效果评价概述

一、建筑业高质量发展效果评价构成要素

对建筑业高质量发展效果的评价需要一套合理的评价系统。在实施评价时，要分析和思考评价系统中影响高质量发展效果的要素，包含评价环境、评价方针、评价主体、评价标准和评价方法等。

1. 评价环境

评价环境是开展评价时建筑业面临的内部和外部环境的统称。通常情况下，当建筑业面临相对较差的环境时，其评价效果相应也较差。因此，在对建筑业高质量发展效果进行评价前，应该从全方位的角度出发，做好充分的准备工作，分析建筑业发展效果面临的环境。评价环境的角度不同，其包含的内容也不同。从外部评价的角度来看，主要包括法律制度的健全情况、所处社会的经济发展情况以及评价体系是否成熟等内容。从内部评价的角度来看，主要包含建筑行业主体的参与度和配合度、领导者的支持重视程度、评价者的素质和能力等内容。

2. 评价方针

建筑业高质量发展效果评价方针是指建筑业在对发展效果管理时的目标指向和工作依据。在开展实施效果评价时，首要任务是要明确评价方针和目标。评价方针不仅可以发挥方向指引作用，还可以为建筑业战略规划的实施提供具有支撑性和指导性的信息。因此，评价方针应与行业发展战略互相融合。我国

建筑业的评价方针是随着社会和经济的不断发展而变化的。评价方针的持续性和适应性能够为建筑业的长期发展提供核心竞争力和有力保障。

3. 评价主体

评价主体是建筑业高质量发展的实施和推动者，主要负责建筑业高质量发展过程中的全部评价体系的规划和执行，对建筑业高质量发展的效果关注度较高。建筑业高质量发展效果评价主体具有多元性，包括专业人员和外部利益相关者。多样性的评价主体不仅可以兼顾各个方面的利益，而且可以更全面地考虑问题，为建筑业发展争取更大的空间。

4. 评价客体

建筑业的利益相关者在进行综合评判时，首先需要明确各自评价的目的和客体，并制订相应的评价计划。评价客体主要是指建筑业高质量发展过程中体现的具体内容，具有多样性，可依据评价主体和评价目的确定单方面或综合性的评价内容。

5. 评价指标

根据评价对象的影响因素设计出能够反映建筑业高质量发展的具体内容，即为评价指标，能够客观地反映评价主体的目的、侧重点。评价指标的每个类别中需要科学合理的表征参数。

6. 评价标准

评价的参考系统和价值尺度被称为“评价标准”。为了进行合理的判定，可以通过对比相应的评价尺度进行。原定的判定目标、范围和目的会随着外部条件的变化而有所不同。建筑业高质量发展的最终效果会受评价标准的高低影响。应在充分考虑客观事实后选择评价标准，如建筑业发展过程中不同阶段的目标等。在设计评价尺度时，还要综合考虑评价的客观性和合理性。

7. 评价方法

评价方法是指为了获取评价信息所采用的办法和途径。采取不同的评价方法会得到截然不同的评价结果，甚至会产生很大的差异。因此，在选用评价方法时，需要考虑建筑业的实际发展情况。

8. 评价结果

评价结果是指利用评价指标，使用合适的评价方法获得最终统计结果，将统计结果与评价标准进行比较，并对差异原因做出分析，进而形成报告。评价结果能够反映建筑业主体和客体的指导作用，进而也能为制定相关措施起到参考作用。因此，为了使建筑业的高品质发展效果评价体系有效，需要利用评价结果实现未来的目标任务。

二、建筑业高质量发展效果评价的目的

建筑业高质量发展效果评价系统具有复杂性，因此评价的目的必须要明确，以便合理构建评价指标体系。通过对建筑业高质量发展效果进行评价，为诊断四川省建筑业高质量发展现状寻求原因及提供建议。

一是从“数量取胜”转移到“质量取胜”。四川省建筑业中的企业呈现“量大整体实力弱”的状况，其管理水平不高，核心竞争力不强。要走高质量发展之路，应鼓励建筑业中的企业加大科技创新和品牌培育，提高产业集中度，培育一批具有核心竞争力的龙头企业，努力打造“川建工”品牌。

二是从“规模扩张”到“结构优化”移位。四川建筑业大而不强，竞争过度及产业结构不合理是困扰其行业转型升级和高质量发展的现实问题。建筑业要走高质量发展的道路，应根据市场需求优化产业结构，扩大高附加值项目和新兴领域，形成“突出主业和适度多元化”的产业发展格局。

三是从“元件驱动”移动到“创新驱动”。建筑业是以劳动密集型为主的传统行业，但数量和劳动要素形成的优势已经开始消失，同时也面临创新能力和人力资本不足的问题。因此，建筑业要加快新老动能的转化，实现创新驱动，提升质量变化、效率变化和建设节约型的功率变化，提高全要素生产率。

四是从“粗放型发展”到“绿色发展”的转变。随着资源环境约束力不断加大和经济环境的变化，建筑业传统的经营方式已经不能满足当前市场的需要。绿色发展是中国新时代的一个重要理念，建筑业要加快建设产业现代化，发展装配式建筑，倡导绿色低碳的建筑工艺、技术和材料，减少建筑产品生产过程中的资源消耗和环境污染。

三、建筑业高质量发展效果评价的意义

目前，建筑业没有对行业整体发展效果的评价给予应有的重视，因此，根据市场经济和建筑业未来的发展要求，构建一套科学合理、结合行业特点的评价体系具有重要意义。

1. 进一步协调建筑业中企业与政府之间的关系

建筑业高质量发展效果评价体系有助于构建新型的政企关系，并发挥积极有效的作用。比如，新型的政企关系可以及时地发现高质量发展中存在的问题及缺陷，可以判断企业运营的效果，合理地评价行业发展，促进行业高质量发展。

2. 进一步有效提升建筑业的管理水平

目前，建筑业的管理以高质量发展效果为核心来评价各项活动行为，标准的优劣最终通过效果来衡量。从该角度来看，合理的评价体系对提高管理质量和水平非常有益。首先，可以提高建筑业的资产运行质量；其次，可以提高建筑业的技能贡献率和市场的核心竞争力；最后，建筑业的管理模式可以被不断改进，以达到增强综合管理能力的目的。

3. 进一步科学分析建筑业的发展要素

以合理的评价体系为标准，不断推进建筑业的运行质量，促进建筑业不断发展和进步。建筑业的发展现状和运行状况可以通过效果评价中的不同指标反应，利用指标数据计算出评价结果，分析建筑业发展过程中内外各要素并制定相应的竞争机制，以提高建筑业的核心竞争力。

4. 进一步促进建筑业建立激励和约束机制

合理的评价体系可以为建筑业制定科学的考评制度。通过考评制度，建筑业中的相关主体可以对发展效果中的量化目标和非量化目标进行对比分析，寻找其影响因素，建立科学合理的激励机制、衡量标准和奖惩制度，并有效规范建筑业中主体的行为，促进建筑业管理水平的提高，实现快速发展。

5. 探究四川省与国内发达地区建筑业差距原因

运用DEA计算四川省建筑业发展效果，可以得出四川省与国内其他地市的效率差异，并找到原因，为决策者和管理者提供参考。

6. 合理调控四川省建筑业发展规模

分析四川省建筑业高质量发展效果，为行业管理部门合理引导建筑业发展方向提供参考，优化四川省建筑行业资源配置，规范建筑行业的发展规模，改善部分区域的非理性投资。

第二节　建筑业高质量发展效果评价指标体系概述

一、建筑业高质量发展效果评价指标体系构建目的

要实现对四川省建筑业高质量发展效果的合理评价，需要构建一套科学合理的指标体系，确定各级指标的权重，形成对四川省建筑业高质量发展效果评价的媒介。从对指标得分综合计算的结果可以得出四川省建筑业高质量发展的最终状态，认识其发展状况并形成反馈，实现评价的目的。

二、建筑业高质量发展效果评价指标体系的指标选取原则

评价指标体系是由不同层次的多个相互独立作用的指标构成的有机整体，利用评价模型和指标数据进行计算和分析以实现评价目的。由于不同指标构成可能导致不同的评价结果，因此在选择输入和输出指标过程中需要严格地遵守科学性、可操作性和代表性原则。指标的片面性和重叠因素会影响评价结果的客观性和有效性。在选择决策单元时，应该选择性质大致相同的生产单位，要求输入、输出和生产环境基本相同。①

评价工作开展的前提是制定评价指标。对建筑业高质量发展评价结果有重要影响的是投入和产出指标。因此，选择指标的主要原则有以下几种。

1. 科学性原则

为了使建筑业高质量发展的评价结果具有有效性，需要建立有针对性的

① 金东鑫. 基于DEA数据包络分析的甘肃省建筑业效率评价[D].兰州：兰州交通大学，2014.

评价指标体系，且指标体系要能够反映出建筑业高质量的发展效果、发展活力和发展前景。在构建指标时，数量不宜设置太多且层次不宜太过复杂。为了便于做出合理的评价，需要做到用最少的指标反映最有价值的信息。在构建指标体系的过程中，通过实践与理论相结合，从定性和定量上做出具体分析，以达到评价结果合理、可靠的目的。

2. 可操作性原则

指标数量过少或简单都不能全面地反映建筑业高质量发展的综合情况。而过多的指标还会导致复杂的计算和分析过程，不利于开展评价工作。因此，在构建指标体系时，应该在简单与复杂之间找到平衡点。最重要的是，根据建筑业高质量发展构建操作性较强的指标体系。

3. 实用性原则

构建指标体系的目的是实现最终评价结果的合理性。建筑业高质量发展评价主体不仅包括建设主管部门，还包括建筑企业。所有指标体系的数据，均应在评价主体的可控范围之内获取。为了便于数据收集和整理，应从四川省建筑业的统计中选取与指标体系对应的数据。

4. 代表性原则

在构建指标体系时，不仅需要考虑指标的精简性，还需要能够尽量表达建筑业高质量的发展过程。如果评价指标的数量过多，则会增加各指标间的相关度；反之，指标数量过少可能造成反映内容不全面。鉴于此，在构建评价指标的过程中，要尽量减少具有相关数值性的指标，增加具有逻辑性的指标，且要充分考虑投入与产出指标之间的关系。

5. 真实性原则

评价指标应该能够真实地反映四川省建筑业高质量发展各个方面的效果，应基于客观公正的立场，坚持实事求是的态度，使评价结果能够客观反映实际情况。

6. 系统性原则

所选取的评价指标要能够全面地反映建筑业高质量的发展特征，能够客观表达发展过程中的整体要素与功能，并且能够反映指标系统内各个方面的逻辑关系。

7. 动态性原则

建筑业高质量发展被各种影响因素制约并随着经济发展不断变化。评价指标应反映建筑行业高质量发展的前瞻性，以实现可随时根据建筑行业的发展水平进行修正。评价指标既要反映目前的建筑业发展水平状况，还要考虑未来竞争条件等影响因素。

三、建筑业高质量发展效果评价指标构建思路

影响四川省建筑业高质量发展的因素较多，且其发展有着相对复杂的特点，为了能够反映建筑业高质量的发展情况，需要从多个角度和层面设置评价指标。在构建评价指标时，本章主要基于建筑业高质量发展中的技术创新和价值创造过程，综合考虑新技术的创新和运营管理，即从技术创新和经营管理两个方面入手，从技术创新和运营管理体系对四川省建筑业高质量发展进行评价。技术创新指标选取的重点是围绕技术装备率、动力装备率、建筑业总产值和劳动生产效率指标展开。运营管理指标的选取在投入上围绕固定资产投资额和建筑业从业人员两个方面展开；产出指标是综合考虑建筑企业的生产过程、产品的社会效应和经济效益，所以在选取评价指标时，要围绕建筑业施工面积和利润总额两个方面进行，最终达到筛选出评价建筑业高质量发展效果的目的，从而建立科学有效的适用于四川省建筑业高质量发展效果的指标体系。①

在选取指标过程中，应遵循科学性、可操作性、实用性、代表性和真实性原则，与此同时，还应收集和处理指标所对应的数据，并且能够满足评价方法的要求。

四、建筑业高质量发展效果评价指标体系构建方法

目前，建立指标体系的方法很多，且每种方法都有其优点和适用范围，主要有系统法、目标法、范围法、归类法、因果法、部门法和专家咨询法等。构建建筑业高质量发展效果评价指标体系的基本思路是：根据研究对象的具

① 郑管元. Y小额贷款公司企业客户信用评价指标体系研究[D].浙江：浙江理工大学，2019.

体特点，使用一种或多种不同的方法分析各个因素之间的内在关系，并根据建筑业的实际情况做出具体调整，在此基础上形成客观合理的能够反映建筑业实际情况的指标体系。

建筑行业高质量发展指标体系的建立，应充分以高质量发展最终目标为指导，结合建筑业的实际情况，并借鉴其他行业高质量发展指标体系。根据目前国内外学者的研究情况，建立评价指标体系的常用方法主要是系统法、目标法和归类法等。

1. 系统法

系统法是指把四川省建筑业高质量发展看作一个由若干子系统有机组成的系统，通过整理、判断和加工等方法处理所获取的信息，分析系统中的影响因素和彼此间的关系，并在此基础上对四川省建筑行业高质量发展效果做出综合评价。

2. 目标法

目标法也被称为“分层法”。基本步骤为确定研究对象的目标，根据实际需要将目标具体化，以形成多级指示体系重新分解。

3. 归类法

归类法是指首先通过阅读相关文献，收集并归类形成一套初步指标，然后从不同类别的指标中进行选取。归类法具有信息面广泛的特点，并且指标通过严格筛选后具有较强的反映力度。若收集指标的目的性不强，则很难达到预期的目的。

第三节　建筑业高质量发展效果评价指标体系构建

一、建筑业高质量发展效果评价指标体系的维度设置

指标维度影响着下一级指标的选择范围和选择方向，同时也充分反映出建筑业高质量发展的内涵和涉及的主要内容。通过文献资料查阅和对四川省

建筑业发展情况的调研，归纳整理后其评价维度主要体现在技术创新、运营管理、经济因素和社会因素四个维度。初步认为这四个维度能够反映出四川省建筑业高质量发展的基本状况。四个指标维度如图5-1所示。

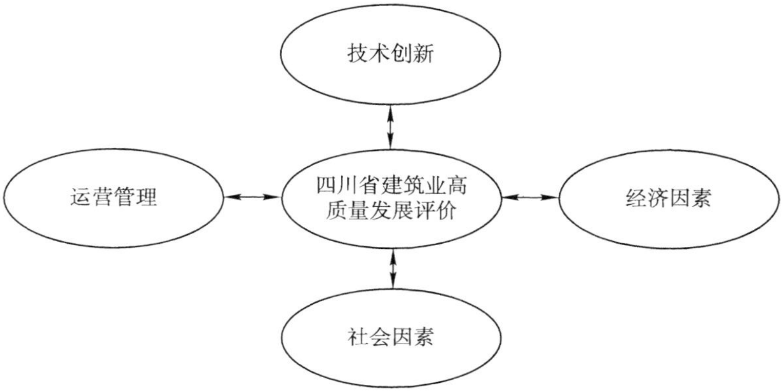

图5-1　四川省建筑业高质量发展评价的四个维度

二、建筑业高质量发展效果评价指标的选取

为确保建筑业高质量发展评价的结果符合客观现实，需正确选择和构建分析变量，并获取合理的数据源。在建立评价指标体系时，首先要解决具体使用的统计变量或统计指标，以及这些变量与指标是否可以满足研究的目的和需求；其次要解决数据的可靠性问题。通过对文献资料的归纳可知，对效率问题的研究，其输入指标在投入人力、资本和技术三个方面中选择，产出指标通常选择产值、附加值等。通过阅读建筑行业效率的研究文献资料并归纳得出投入和产出指标如表5-1所示。

表5-1　建筑业效率投入—产出指标文献研究总结

文献名称	作者	投入指标	产出指标
基于DEA的中国建筑业生产效率实证研究	李忠富，王汇墨（2011）	资本、劳动力投入、生产中间消耗	建筑业增加值
基于三阶段DEA模型的建筑业效率评价	王建军（2014）	各省区建筑业总资产、各省区的建筑业职工工资总额、各省区的自有施工机械设备年末总功率	建筑业增加值、主营业务收入、利税总额
基于数据包络模型的辽宁省建筑业效率评价研究	张志豪（2017）	从业人数、建筑企业总投资	利税总额、房屋建筑施工面积

续表

文献名称	作者	投入指标	产出指标
基于DEA方法的德州市建筑业效率研究	吴亚飞（2019）	建筑业从业人数、建筑业工程结算成本、房屋建筑施工面积	建筑业总产值、工程结算利润
基于碳排放的河南省建筑业效率评价研究	吴文洋（2016）	能源、建筑业从业人数、建筑业总资产、技术装备率	建筑业总产值、利税总额、劳动生产率、二氧化碳排放量
基于人均水平的山东省建筑业DEA效率评价研究	马举（2018）	技术装备率、人均流动资产、人均管理费用	劳动生产效率、人均竣工面积、人均利润
我国区域建筑业发展水平及变动趋势评价研究	杨德钦（2018）	从业人数、企业个数、技术装备率、房屋建筑施工面积、劳动生产率	建筑业总产值、建筑业增加值、利税总额、利润总额、房屋建筑竣工面积
华东地区建筑业效率研究及因素分解	郭伟健（2019）	建筑业从业人数、建筑业固定资产投资额、建筑企业总资产、机械设备年末总功率	建筑业增加值、施工面积

由表5-1可以看出，主要的文献研究在投入指标选取方面都指向了人力、资金和技术三个方面。其中，人力投入指标具体包括建筑业从业人数、建筑业企业数量；资金指标包括人均流动资产、建筑业总资产和建筑业工程结算成本；技术指标包括技术装备率、设备年末总功率。产出指标一般包括建筑业总产值、建筑业增加值、利润总额、利税总额、施工面积和竣工面积。另外，劳动生产率既可作为输入指标也可作为输出指标，主要是因为可以反映劳动者在一定时间内创造的劳动成果与相应的劳动消耗的比率，即从投入指标的角度反映劳动生产率输入的劳动力素质水平；从产出指标的角度来看，劳动生产率是劳动力能够达到的效率水平。

三、建筑业高质量发展效果评价指标体系的初步构建

总量指标在研究建筑业高质量发展整体投入产出方面具有重要的现实意义，反映了建筑业高质量的发展水平。通过对来源于CNKI、SCI、EI、ASCE等文献的总结，加上调研所获得的评价内容，结合高质量发展的特点，对提

炼的指标按目标和功能进行逐级归类。拟定出包括4个维度（一级指标）和17个二级指标体系，如表5-2所示。

表5-2　初步评价指标体系

	指标类型	一级指标	二级指标
四川省建筑业高质量发展效果评价	技术创新	投入（I）	技术装备率
			动力装备率
		产出（O）	建筑业总产值
			劳动生产效率
	运营管理	投入（I）	固定资产投资额
			建筑业从业人数
		产出（O）	建筑业施工面积
			利润总额
	社会因素	投入（I）	建筑业从业人员占社会就业人员比重
			房屋建筑施工面积
		产出（O）	社会人均总产值
			固定资产投资增长率（%）
			建筑业增加值
	经济因素	投入（I）	产值超千亿元企业
			建筑业占 GDP 比重
		产出（O）	建筑业总产值年增长率（%）
			人均利润（元/人）

将第一轮确定的4个维度向专家咨询后进行统计分析的结论为：

社会因素和经济因素2个维度对应的二级指标包含与技术创新、运营管理2个维度下的二级指标，存在较多的重叠内容，独立性较差，因此将与这2个维度对应的二级指标并入其他维度中，由此形成的维度如图5-2所示。

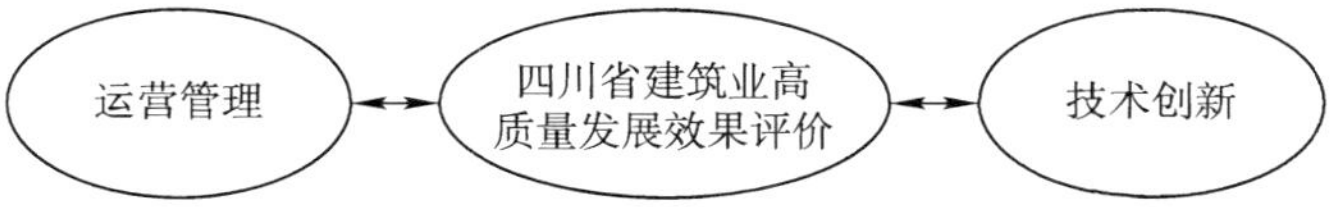

图5-2　四川省建筑业高质量发展评价最终维度

四、建筑业高质量发展效果评价指标体系第一轮选择

根据专家调查结果对评价维度进行了调整，则相应维度下的各级指标也应进行调整。为了能够合理地构建指标体系，针对表5-2中提出的17个建筑业高质量发展效果初步评价指标，利用专家咨询法优化。优化评价指标体系应确保各个指标是否包含被评价对象的主要方面、能否利用直接或间接的方法评价所对应的内容、指标的内容是否出现重叠交叉的现象、同一个水平的指标能否满足独立性的要求等。

受邀专家通过问卷表对初始指标进行筛选、补充和分析。具体实施过程是让受邀专家依靠自己的个人专业知识、实践经验对17个评价指标进行因素删减、分类修正并提出建议。在调查过程中，受邀专家来自研究机构、企业管理层、政府管理部门等共50位（专家专业背景来源主要涉及工程、经济、管理等方面），对其中10位专家以面谈的形式进行，每次访谈时间控制在10分钟以内并填写相关问卷，详见附录A四川省建筑业高质量发展效果评价体系专家意见征询表。对各位专家的调查表进行综合分析后形成的主要结论如下。

（1）为了确保第一轮设置的维度在进行指标设置和细分时能有效构建指标，因此将第一轮确定的2个维度向专家咨询，均认为按照原有2个维度设置下一级细分指标较为合理，但在指标设置过程中应注意指标之间的含义和覆盖范围的交叉。

（2）对于这2个维度，首先依据专家的调查问卷进行统计分类，从一级指标开始进行归类和优化，再进行二级指标的合理性分析。依据专家调查统计的原始数据，对二级指标进行统计，统计结果如表5-3所示。

表5-3　二级指标专家调查统计结果表

序号	二级指标名称	选择数量	序号	二级指标名称	选择数量
1	技术装备率	46	10	固定资产投资额	35
2	动力装备率	38	11	建筑业从业人数	43
3	建筑业总产值	45	12	劳动生产效率	36
4	建筑业施工面积	38	13	社会人均总产值	建议删除
5	利润总额	39	14	固定资产投资增长率（%）	建议与“10”合并

续表

序号	二级指标名称	选择数量	序号	二级指标名称	选择数量
6	建筑业从业人数占社会就业人员比重	建议与“11”合并	15	建筑业增加值	建议与“3”合并
7	房屋建筑施工面积	38	16	建筑业总产值年增长率（%）	
8	产值超千亿元企业	建议删除	17	人均利润（元人）	建议删除
9	建筑业占 GDP 比重	建议与“3”合并			

由表5-3可知如下结果。

（1）对于指标“社会人均总产值”因所含内容范围较大，不能准确地描述评价指标的特性，根据专家调查统计结果，删除该指标。

（2）对于指标“产值超千亿元企业”和“人均利润”，因指标性质与反映的内容相互之间存在交叉，故删除该指标。

（3）由于“建筑业占GDP比重”和“建筑业增加值”两个指标都是在“建筑业总产值”的基础之上计算得到，其内涵与“建筑业总产值”一致，故将其与“建筑业总产值”指标合并。同理，将指标“建筑业从业人员占社会就业人员比重”与指标“建筑业从业人员”合并。

依据以上分析，对指标进行重新归纳整理，最终形成8个二级指标，如表5-4所示。

表5-4　统计归纳后的建筑业高质量发展评价指标体系

	指标类型	一级指标	二级指标
四川省建筑业高质量发展效果评价	技术创新	投入（I）	技术装备率
			动力装备率
		产出（O）	建筑业总产值
			劳动生产效率
	运营管理	投入（I）	固定资产投资额
			建筑业从业人数
		产出（O）	建筑业施工面积
			利润总额

总体上，建筑业高质量发展水平效果的评价指标体系是一个完整的系统。基层指标不仅要反映评价对象的功能，而且还要体现系统发展方向和系统的

潜在实力。由于影响建筑业高质量发展的因素较多且相互之间错综复杂，存在一定的重叠，所以应该在众多的指标中选择出最敏感的、容易度量且内涵丰富的主导性指标。

第一类：技术创新类

1. 技术创新投入指标

技术创新是推动技术进步的关键措施，技术创新的核心是创新主体基于现有的资源，开展原有技术渐进性和突破性创新，从而推动建筑业高质量的快速增长。

（1）技术装备率是指年末行业主体的自有机械设备净值与年末全部职工或全部工人人数的比值。

（2）动力装备率是指年末建筑业主体自有机械设备总功率与年末全部职工或全部工人人数的比值。

2. 技术创新产出指标

（1）劳动生产效率是指劳动者在一定时间内创造的劳动成果与其相应劳动消耗的比值，是建筑业主体生产技术水平、经营管理水平、职工技术熟练程度和劳动积极性的综合表现。

（2）建筑业总产值是指在一定时期内建筑业完成以价值表现的生产总量，建筑业总产值是反映建筑业生产成果的综合指标。依据我国现行统计制度规定，建筑业总产值包括建筑企业自行完成的建设、安装、修理及非标准设备制作，附属生产单位为外单位提供的建筑制品和工业性作业，为外单位提供的建筑安装服务和建筑机械租赁、勘察设计服务的产值等。

第二类：运营管理类

1. 运营管理投入指标

（1）建筑业从业人数是指建筑业报告期实际拥有的且与建筑施工活动有关的人员平均人数。

（2）固定资产投资是指建筑业建造和购置固定资产的总额。

2. 运营管理产出指标

（1）建筑施工面积是指在报告期内的全部房屋建筑面积，其中包括本期新开工的房屋面积、上期施工跨入本期继续施工的房屋面积、上期停缓建又在本期恢复施工的房屋面积、本期竣工的房屋面积及本期施工后又停缓建的房屋面积。由于衡量建筑业的生产效率时，需要关注在一定时间内输出的数量，因此本书选择建筑施工面积作为产出指标。

（2）利润总额是指单纯反映建筑企业经营管理活动的最终效益。此指标能够满足建筑业生产效率研究的目的。

五、建筑业高质量发展效果评价指标体系第二轮选择

为了使构建的指标体系更能够反映出建筑业高质量发展的内在特点和效果，对专家访谈修正后的指标体系进行第二轮专家调查。第二轮调查问卷采用李克特5级量表的形式，即通过专家专业知识获取各指标的重要性得分，详见附录B。

建筑业高质量发展评价指标体系第二轮问卷调查，本次调查对象主要为建设行政主管部门、部分高校科研院所和工程咨询单位的专家和专业人士，以尽量确保收集的数据具有有效性和合理性。调查持续时间约2个月，在此期间一共发放了300份调查问卷。其中，现场发放调查问卷100份，回收88份，在回收的问卷中有2份问卷无效，有效问卷数量为86份；网络问卷200份，回收190份，无效问卷0份。通过计算，本次调查问卷的有效率达到了92%，因此本问卷调查有效。详见表5–5所示。

表5–5 调查问卷分析表

问卷发放方式	发放问卷数量	回收问卷数量	有效问卷数量	有效问卷回收率（%）
现场发放	100	88	86	86
网络发放	200	190	190	95
合计	300	278	276	92

本书对回收的有效调查问卷进行信度检验和效度检验，以查看问卷测量结果的可靠程度。对指标内部一致性的信度检验选用SPSS软件的Model选项中的Alpha，得出Cronbach的Alpha系数分析信度；对于效度检验，借助SPSS软件对调查数据进行因子分析，通过处理二级指标的重要性调查数据，提取其中相关性较强的变量，即可实现降维二级指标，对接收到的数据进行可靠性测试和有效性测试。通过可靠性测试，检查调查表测量结果的可靠性；通过有效性检验，可以反映测量的索引系统组成的程度。在分析过程中，通过α信度系数法进行

分析。据Guielford的研究总结，当α系数高于0.7时，则表明可靠性相当高；若α系数在0.35~0.7时，说明可接受的可靠性较高；α系数低于0.35，则可靠性低。

本书在通过问卷调查获取指标的重要性数据之后，为了验证指标样本是否适合做因子分析，对样本数据进行KMO测度和巴特利特球形检验。理论上，当KMO值大于0.9时，数据样本非常适合因子分析；在0.8~0.9时，是很适合；在0.7~0.8时，是适合；在0.6~0.7时，是不太适合；在0.5~0.6时，是勉强；0.5以下，则是不适合对调查数据进行因子分析。除此之外，巴特利特球形检验的显著性概率应小于0.01。

1. 技术创新评价数据因子分析

首先，输入技术创新方面的调查数据，进行因子分析操作，获取样本数据的KMO测度和巴特利特球形检验结果，如表5-6所示。

表5-6　技术创新维度KMO测度和巴特利特球形检验结果

KMO 和巴特利特球形检验		
KMO 取样适切性量数		0.765
巴特利特球形检验	近似卡方	594.318
	自由度	6.000
	显著性	0.000

从表5-6可以看出，KMO值为0.765，显著性概率为0，由此可以说明，技术创新维度的调查数据矩阵是非单位矩阵，样本数据适合做因子分析。因子分析得到旋转后的因子负荷矩阵如表5-7所示。

表5-7　技术创新维度因子分析表

因子	项目内容	因子负荷值矩阵		Alpha	解释变量（100%）
		1	2		
投入	技术装备率 D1	0.711	0.312	0.881	43.76
	动力装备率 D2	0.662	0.465		
产出	建筑业增加值 D3	0.628	0.740	0.655	44.18
	劳动生产效率 D4	0.335	0.781		

由表5-7分析结果产生了2个公共因子，这2个公共因子累积解释变异量为87.94%，说明这2个因子能够很大程度地反映原4个变量的信息，且每个因子内部一致性系数分别为0.881和0.655，均高于0.6，具有一致性程度，表明指标

内部结构良好。

2. 运营管理维度数据因子分析

输入运营管理方面的调查数据，通过因子分析获取的样本的KMO测度和巴特利特球形检验结果，如表5-8所示。

表5-8　运营管理维度KMO测度和巴特利特球形检验结果

KMO 和巴特利特检验		
KMO 取样适切性量数		0.768
巴特利特球形度检验	近似卡方	660.941
	自由度	6.000
	显著性	0.000

从表5-8可知，KMO值为0.768，显著性概率为0，说明数据矩阵是非单位矩阵，样本数据适宜做因子分析。因子分析得到旋转后的因子负荷矩阵如表5-9所示。

表5-9　运营管理评价因子分析表

因子	项目内容	因子负荷值矩阵		Alpha	解释变量（100%）
		1	2		
投入	固定资产投资额 D5	0.700	0.611	0.700	39.30
	建筑业从业人数 D6	0.874	0.359		
产出	建筑业施工面积 D7	0.445	0.537	0.851	46.47
	利润总额 D8	0.303	0.727		

根据表5-9的分析结果，产生了2个公共因子，且累积解释变异量为85.77%，说明2个因子能够很大程度地反映原4个变量的信息，且每个因子的内部一致性系数分别为0.700和0.851，均高于0.6，具有相对较高的一致性程度，表明内部结构良好。

利用SPSS软件分析对建筑业高质量发展效果评价的指标体系进行了信度和效度验证。根据因子分析结果，指标体系的概念性模型与实证结果保持了一致性，说明通过专家咨询后的建筑业高质量发展效果评价指标体系结构效度良好。①

① 杨中宣，杨洋洋.基于SPSS的河南省建筑业发展影响因素分析[J].工程经济，2016，26（10）：52-55.

第六章
基于DEA模型的四川省建筑业高质量发展效果评价

第一节　建筑业高质量发展效果评价方法简介

一、DEA模型介绍

1. DEA模型的基本思想

数据包络分析法（DEA）是运筹学、管理学和数理经济学三个学科交叉形成的新研究方法，是根据多项投入和产出指标，利用线性规划对具有可比性的同类型单位进行相对有效评价的一种数量分析方法。Charnes，Cooper和Rhodes（1978）提出第一个DEA模型——CCR模型，后来Banker，Charnes和Cooper（1984）改变CCR模型中规模收益不变的假定，提出了BCC模型。到目前为止，最具代表性的DEA模型有CCR、BCC、FG和ST模型。其中，FG模型假定规模收益递减，而ST模型假定规模收益递增。

DEA模型中，企业的相对效率在（0，1）区间内分布，处于效率前沿企业的效率值为1。借助DEA模型能计算分配效率和技术效率，后者又可分解为规模效率（scale efficiency）和纯技术效率（pure technical efficiency）。DEA各个模型均有投入导向（Input-oriented）和产出导向（Output-oriented）两种形式，模型可设定为规模收益不变（CRS）和规模收益可变（VRS）。产出导向的DEA模型是指给定一定量的投入要素，求取产出值最大；反之，投入导向的DEA模型是指在给定产出水平下使投入成本最小。

2. DEA模型的适用性分析

本书选用DEA模型的主要原因是，建筑业高质量发展效果评价体系是一个多输入、多输出的复杂系统。DEA方法适用性如下。

（1）适用范围广。评价建筑业高质量发展多个决策单元时，该方法可以解决多输入、多输出指标的问题，可以衡量建筑业的技术效率和规模效益，从而较为全面地评价高质量的发展效果水平。

（2）输入和输出指标具有相互独立、可测量、绝对数和相对值都适用的特点。

（3）设置权重问题时较为客观。该方法不需要输入和输出指标的权重值，就能反映决策单元的实际状况，较为客观地解决了权重问题。

（4）在公理体系的基础上，输入与输出指标之间的解析表达式或函数形式的假设不需要事先确定，特别是指标关系处于未知或不确定时的作用效果更加明显。

（5）可以分析各决策单元效率的有效性。对于非有效的决策单元，调整方向和调整值可以用DEA模型进行处理。除此之外，决策单元可以根据已知的信息进行分析。

（6）能够提供一个用于调整方向和目标的“有效前沿面”，统计误差等因素不会对评价效果产生影响，提高了模型改进的实际性和可行性。

（7）不需要假设指标体系中输入与输出间的函数形式。DEA方法使用线性规划技术将各个决策单元的实际数据进行有效结合，评估每个决策单元的相对效率。

（8）测量指标的灵活和应用范围广泛。DEA方法中的输入指标既可以是产量指标或财务指标，也可以评估没有统一量纲的定性指标。因此，在利用DEA模型进行评价时，对评价指标的量纲不做要求是其最大的优点之一。

二、DEA模型的选取

目前，学术界划分DEA模型的具体模式有十几种，不同的研究背景使每种模式都有其各自的适用条件。本书结合建筑业的特点，选择BCC模式，该模式可以有效地分析和评估决策单元的技术效率、规模效率和综合效率。BCC模式可以分为投入导向型和产出导向型两种类型。根据建筑业的实际情况，采用产出导向型的DEA模型更加符合建筑业高质量发展效果评价的要求。

BCC模式从经济学的角度进行解释为：假定x_0投入值保持不变，而测量中产出值的分量为y_0，按照比例α（$\alpha \geq 1$）逐渐扩大。当$\alpha>1$时，表示DMU_{j0}转化为最大产出；当$\alpha=1$时，表示产出值达到了最优水平，从而可以判定决策单元是有效效率。本书以该经济模型为基础，对四川省建筑业高质量发展效果进行评价。

三、DEA模型的评价步骤

（1）明确研究目的。用DEA模型进行评价，其目的是衡量四川省建筑业高质量的发展效果。

（2）选择DMU。在选择DMU时，应注意DMU数量的适当性、同质性以及差异性。

（3）确定输入和输出指标。根据确定的输入和输出指标，用于综合评价。要求输入指标与输出指标之间具有逻辑性，但其数值之间不能存在相关性。

（4）建立DEA模型并优化。依据现有的资源和外界条件选取DEA模型，因为每个DEA模型都有其相适应的发展效果评价体系。

（5）求解模型，得出数值结果，并提出建议。DEA模型主要体现如下计算结果：各决策单元的综合技术效率、规模效率、纯技术效率；各决策单元在有效生产前沿面上的投影值以及松弛变量值。根据DEA模型计算结果分析影响决策单元的输入与输出指标之间的关系，并根据数值结果提出相应的改进方案。

第二节　基于DEA模型的四川省各区域建筑业高质量发展横向效果评价

一、样本数据来源

对四川省建筑业高质量发展效果从技术创新和运营管理两大视角开展评价。本书为了避免信息重复、评价结果的偏差，因此在数据上取真实值，以便对比分析后文的评价结果。通过查询2010—2018年的《四川省统计年鉴》，获取与建筑业高质量发展评价指标相应的原始数据。

二、数据收集与处理

把统计年鉴收集的2010—2018年四川省21地市（州）的统计数据输入软件Deap 2.1中，计算出各个DMU的技术效率值、纯技术效率值及规模效率值，其中，各年份投入和产出指标数据见附录C。以2018年四川省内各区域的效率值计算为例，各区域建筑业高质量发展的输入、输出数据详见表6-1所示。

表6-1　2018年四川省投入产出指标数据表

地区	指标							
	技术装备率(元/人)	动力装备率(千瓦/人)	建筑业总产值(万元)	劳动生产效率(元/人)	固定资产投资额(万元)	建筑业从业人数(万人)	建筑业施工面积(万平方米)	利润总额(万元)
成都市	7477	4.22	56958394	384663	2994891	118.22	26083.82	1443951
自贡市	3312	1.34	4088151	324748	78611	12.91	2562.71	137048
攀枝花市	9848	5.32	2450241	448261	149453	5.19	599.40	44389
泸州市	4486	1.79	10447970	258805	250426	40.76	5062.74	313114
德阳市	4143	1.64	4350052	301532	108194	11.25	2179.28	61253
绵阳市	5404	1.53	7212475	303430	169536	22.79	3728.64	264710
广元市	7140	2.69	2242770	234460	115202	9.63	1180.89	94557
遂宁市	26278	2.40	3025877	280926	123269	10.26	1795.05	121553
内江市	4642	2.04	2962726	286694	87427	10.26	1352.94	66049
乐山市	7100	2.16	2811028	279749	164107	9.78	1664.44	208408
南充市	5414	2.71	10596612	315304	295931	28.30	4430.21	468831
眉山市	4086	3.05	3434996	288086	88917	11.50	1597.53	149627
宜宾市	3666	1.20	4882438	242936	242292	19.82	2343.11	250839
广安市	6413	7.57	5487875	292350	227750	15.08	1511.37	322106
达州市	5717	2.22	4616833	309932	197828	13.58	2485.36	292159
雅安市	5120	2.81	543237	149883	35423	3.06	424.96	24666
巴中市	6186	1.14	6401113	237750	318576	22.82	2827.20	222664
资阳市	3172	1.74	1906140	233315	46591	7.79	772.02	60380

续表

地区	指标							
	技术装备率（元/人）	动力装备率（千瓦/人）	建筑业总产值（万元）	劳动生产效率（元/人）	固定资产投资额（万元）	建筑业从业人数（万人）	建筑业施工面积（万平方米）	利润总额（万元）
阿坝藏族羌族自治州	8147	40.13	378084	281795	34764	1.32	83.24	5867
甘孜藏族自治州	13231	26.75	236058	193284	19688	1.02	90.54	23884
凉山彝族自治州	6059	1.33	2489581	326066	84681	7.22	706.03	293917

计算过程如下：使用Deap 2.1软件设定模型相关参数，在参数设定界面依次选择21个DMU、4个输入指标和4个输出指标。图6–1为软件设定界面。

```
Dblank - 记事本
文件(F)  编辑(E)  格式(O)  查看(V)  帮助(H)
2018.dta            DATA FILE NAME
2018.out              OUTPUT FILE NAME
21                  NUMBER OF FIRMS
1                 NUMBER OF TIME PERIODS
4                 NUMBER OF OUTPUTS
4                   NUMBER OF INPUTS
1                   0=INPUT AND 1=OUTPUT ORIENTATED
1                 0=CRS AND 1=VRS
0                 0=DEA(MULTI-STAGE), 1=COST-DEA, 2=MALMQUIST-DEA,
3=DEA(1-STAGE), 4=DEA(2-STAGE)
```

图6–1　指标参数设定界面

接着将指标按输入在前、输出在后的顺序导入数据文档，如图6–2所示。

```
123 - 记事本
文件(F)  编辑(E)  格式(O)  查看(V)  帮助(H)
3312    1.34    4088151 324748  78611   12.91   2562.71 137048
9848    5.32    2450241 448261  149453  5.19    599.4   44389
4486    1.79    10447970        258805  250426  40.76   5062.74 313114
4143    1.64    4350052 301532  108194  11.25   2179.28 61253
5404    1.53    7212475 303430  169536  22.79   3728.64 264710
7140    2.69    2242770 234460  115202  9.63    1180.89 94557
26278   2.4     3025877 280926  123269  10.26   1795.05 121553
4642    2.04    2962726 286694  87427   10.26   1352.94 66049
7100    2.16    2811028 279749  164107  9.78    1664.44 208408
5414    2.71    10596612        315304  295931  28.3    4430.21 468831
4086    3.05    3434996 288086  88917   11.5    1597.53 149627
3666    1.2     4882438 242936  242292  19.82   2343.11 250839
6413    7.57    5487875 292350  227750  15.08   1511.37 322106
5717    2.22    4616833 309932  197828  13.58   2485.36 292159
5120    2.81    543237  149883  35423   3.06    424.96  24666
6186    1.14    6401113 237750  318576  22.82   2827.2  222664
3172    1.74    1906140 233315  46591   7.79    772.02  60380
8147    40.13   378084  281795  34764   1.32    83.24   5867
13231   26.75   236058  193284  19688   1.02    90.54   23884
6059    1.33    2489581 326066  84681   7.22    706.03  293917
                                                第 23 行，第 1 列
```

图6–2　指标数据导入文档

导入数据完成后，运行Deap 2.1软件，得到计算结果，如图6-3所示。

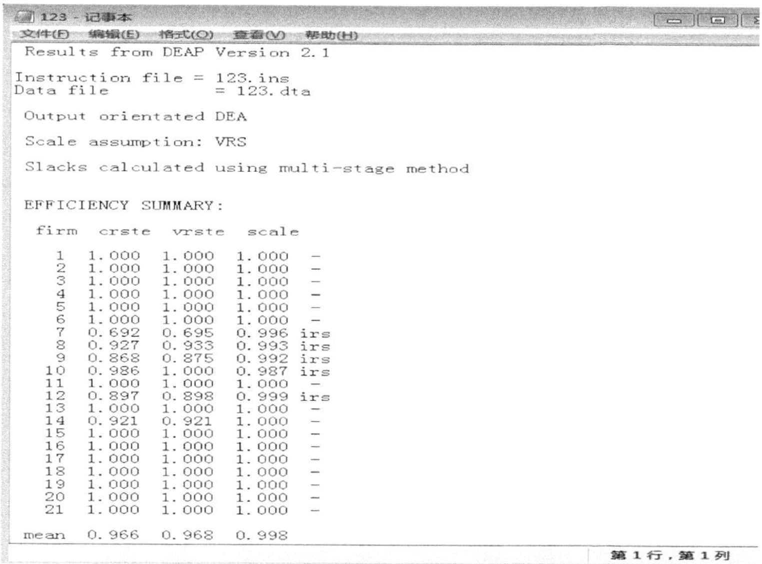

```
123 - 记事本
文件(F) 编辑(E) 格式(O) 查看(V) 帮助(H)
 Results from DEAP Version 2.1

Instruction file = 123.ins
Data file        = 123.dta

 Output orientated DEA

 Scale assumption: VRS

 Slacks calculated using multi-stage method

 EFFICIENCY SUMMARY:

  firm  crste  vrste  scale

    1  1.000  1.000  1.000  -
    2  1.000  1.000  1.000  -
    3  1.000  1.000  1.000  -
    4  1.000  1.000  1.000  -
    5  1.000  1.000  1.000  -
    6  1.000  1.000  1.000  -
    7  0.692  0.695  0.996 irs
    8  0.927  0.933  0.993 irs
    9  0.868  0.875  0.992 irs
   10  0.986  1.000  0.987 irs
   11  1.000  1.000  1.000  -
   12  0.897  0.898  0.999 irs
   13  1.000  1.000  1.000  -
   14  0.921  0.921  1.000  -
   15  1.000  1.000  1.000  -
   16  1.000  1.000  1.000  -
   17  1.000  1.000  1.000  -
   18  1.000  1.000  1.000  -
   19  1.000  1.000  1.000  -
   20  1.000  1.000  1.000  -
   21  1.000  1.000  1.000  -

 mean  0.966  0.968  0.998
                                        第 1 行，第 1 列
```

图6-3 计算输出的效率结果

将运用Deap 2.1软件计算出的2010—2018年四川省21地市（州）的建筑业高质量发展效果汇总如表6-2至表6-5所示。

表6-2 2010—2018年四川省21地市（州）的技术效率值

地区	年份								
	2010	2011	2012	2013	2014	2015	2016	2017	2018
成都市	1.000	1.000	1.000	1.000	1.000	1.000	1.000	1.000	1.000
自贡市	1.000	1.000	1.000	0.971	0.397	1.000	1.000	1.000	1.000
攀枝花市	0.968	1.000	1.000	0.596	1.000	0.849	1.000	0.916	1.000
泸州市	1.000	0.970	1.000	1.000	0.411	1.000	1.000	1.000	1.000
德阳市	1.000	1.000	1.000	0.914	1.000	1.000	0.995	1.000	1.000
绵阳市	1.000	1.000	0.968	0.765	0.465	1.000	0.783	0.930	1.000
广元市	0.787	0.661	0.608	0.573	0.510	0.673	0.796	0.731	0.692
遂宁市	1.000	0.811	0.850	0.854	0.501	1.000	1.000	1.000	0.927
内江市	1.000	0.826	0.824	0.698	0.473	0.790	0.869	0.786	0.868
乐山市	1.000	0.842	1.000	0.764	0.525	0.749	0.954	0.948	0.986
南充市	1.000	1.000	1.000	1.000	0.532	0.939	0.839	0.963	1.000

续表

地区	年份								
	2010	2011	2012	2013	2014	2015	2016	2017	2018
眉山市	1.000	0.915	1.000	1.000	0.505	1.000	1.000	1.000	0.897
宜宾市	0.932	0.857	0.822	0.760	0.297	0.939	1.000	0.864	1.000
广安市	1.000	1.000	1.000	0.979	0.678	1.000	1.000	1.000	0.921
达州市	0.988	1.000	1.000	1.000	0.423	1.000	1.000	1.000	1.000
雅安市	0.793	0.634	0.707	0.659	0.619	1.000	0.775	0.867	1.000
巴中市	1.000	1.000	1.000	1.000	0.685	1.000	1.000	1.000	1.000
资阳市	1.000	1.000	0.952	1.000	0.578	1.000	1.000	1.000	1.000
阿坝藏族羌族自治州	1.000	1.000	1.000	1.000	1.000	0.917	1.000	1.000	1.000
甘孜藏族自治州	0.957	1.000	1.000	1.000	1.000	1.000	1.000	1.000	1.000
凉山彝族自治州	1.000	1.000	1.000	1.000	1.000	1.000	1.000	0.794	1.000

表6-3　2010—2018年四川省21地市（州）纯技术效率值

地区	年份								
	2010	2011	2012	2013	2014	2015	2016	2017	2018
成都市	1.000	1.000	1.000	1.000	1.000	1.000	1.000	1.000	1.000
自贡市	1.000	1.000	1.000	1.000	0.652	1.000	1.000	1.000	1.000
攀枝花市	0.986	1.000	1.000	0.656	1.000	0.851	1.000	1.000	1.000
泸州市	1.000	0.974	1.000	1.000	0.735	1.000	1.000	1.000	1.000
德阳市	1.000	1.000	1.000	0.918	1.000	1.000	1.000	1.000	1.000
绵阳市	1.000	1.000	0.972	0.796	1.000	1.000	0.792	0.945	1.000
广元市	0.788	0.685	0.627	0.642	1.000	0.674	0.796	0.756	0.695
遂宁市	1.000	0.822	0.982	1.000	0.980	1.000	1.000	1.000	0.933
内江市	1.000	0.840	0.874	0.734	0.709	0.810	0.921	0.793	0.875
乐山市	1.000	0.873	1.000	0.828	0.955	0.751	0.959	0.958	1.000
南充市	1.000	1.000	1.000	1.000	0.897	0.973	0.860	0.965	1.000
眉山市	1.000	0.934	1.000	1.000	0.782	1.000	1.000	1.000	0.898
宜宾市	1.000	0.898	0.848	0.789	0.713	1.000	1.000	1.000	1.000
广安市	1.000	1.000	1.000	0.995	0.953	1.000	1.000	1.000	0.921

续表

地区	年份								
	2010	2011	2012	2013	2014	2015	2016	2017	2018
达州市	1.000	1.000	1.000	1.000	0.713	1.000	1.000	1.000	1.000
雅安市	0.823	0.706	0.810	0.785	0.974	1.000	0.776	1.000	1.000
巴中市	1.000	1.000	1.000	1.000	0.986	1.000	1.000	1.000	1.000
资阳市	1.000	1.000	1.000	1.000	0.808	1.000	1.000	1.000	1.000
阿坝藏族羌族自治州	1.000	1.000	1.000	1.000	1.000	1.000	1.000	1.000	1.000
甘孜藏族自治州	1.000	1.000	1.000	1.000	1.000	1.000	1.000	1.000	1.000
凉山彝族自治州	1.000	1.000	1.000	1.000	1.000	1.000	1.000	1.000	1.000

表6-4　2010—2018年四川省21地市（州）规模效率值

地区	年份								
	2010	2011	2012	2013	2014	2015	2016	2017	2018
成都市	1.000	1.000	1.000	1.000	0.578	1.000	1.000	1.000	1.000
自贡市	1.000	1.000	1.000	0.971	0.610	1.000	1.000	1.000	1.000
攀枝花市	0.982	1.000	1.000	0.908	1.000	0.998	1.000	0.916	1.000
泸州市	1.000	0.996	1.000	1.000	0.559	1.000	1.000	1.000	1.000
德阳市	1.000	1.000	1.000	0.996	1.000	1.000	0.995	1.000	1.000
绵阳市	1.000	1.000	0.996	0.961	0.465	1.000	0.989	0.984	1.000
广元市	0.998	0.965	0.969	0.892	0.510	0.998	0.999	0.967	0.996
遂宁市	1.000	0.987	0.865	0.854	0.512	1.000	1.000	1.000	0.993
内江市	1.000	0.984	0.942	0.951	0.666	0.976	0.943	0.992	0.992
乐山市	1.000	0.965	1.000	0.923	0.550	0.997	0.994	0.990	0.987
南充市	1.000	1.000	1.000	1.000	0.593	0.965	0.975	0.998	1.000
眉山市	1.000	0.980	1.000	1.000	0.646	1.000	1.000	1.000	0.999
宜宾市	0.932	0.954	0.969	0.963	0.416	0.939	1.000	0.864	1.000
广安市	1.000	1.000	1.000	0.984	0.711	1.000	1.000	1.000	1.000
达州市	0.988	1.000	1.000	1.000	0.594	1.000	1.000	1.000	1.000
雅安市	0.964	0.898	0.873	0.840	0.636	1.000	0.999	0.867	1.000
巴中市	1.000	1.000	1.000	1.000	0.695	1.000	1.000	1.000	1.000

续表

地区	年份								
	2010	2011	2012	2013	2014	2015	2016	2017	2018
资阳市	1.000	1.000	0.952	1.000	0.716	1.000	1.000	1.000	1.000
阿坝藏族羌族自治州	1.000	1.000	1.000	1.000	1.000	0.917	1.000	1.000	1.000
甘孜藏族自治州	0.957	1.000	1.000	1.000	1.000	1.000	1.000	1.000	1.000
凉山彝族自治州	1.000	1.000	1.000	1.000	1.000	1.000	1.000	0.794	1.000

表6-5　2010—2018年四川省21地市（州）规模收益情况

地区	年份								
	2010	2011	2012	2013	2014	2015	2016	2017	2018
成都市	—	—	—	—	drs	—	—	—	—
自贡市	—	—	—	irs	drs	—	—	—	—
攀枝花市	drs	—	—	drs	—	irs	—	drs	—
泸州市	—	irs	—	—	drs	—	—	—	—
德阳市	—	—	—	drs	—	—	irs	—	—
绵阳市	—	—	irs	irs	drs	—	drs	irs	—
广元市	irs	irs	irs	irs	drs	irs	irs	drs	irs
遂宁市	—	irs	irs	irs	drs	—	—	—	irs
内江市	—	drs	irs	irs	drs	drs	drs	drs	irs
乐山市	—	irs	—	irs	drs	irs	drs	drs	irs
南充市	—	—	—	—	drs	drs	drs	irs	—
眉山市	—	irs	—	—	drs	—	—	—	irs
宜宾市	irs	irs	irs	irs	drs	irs	—	irs	—
广安市	—	—	—	drs	drs	—	—	—	—
达州市	drs	—	—	—	drs	—	—	—	—
雅安市	irs	irs	irs	irs	drs	—	irs	irs	—
巴中市	—	—	—	—	drs	—	—	—	—
资阳市	—	—	irs	—	drs	—	—	—	—
阿坝藏族羌族自治州	—	—	—	—	—	irs	—	—	—

续表

地区	年份								
	2010	2011	2012	2013	2014	2015	2016	2017	2018
甘孜藏族自治州	irs	—	—	—	—	—	—	—	—
凉山彝族自治州	—	—	—	—	—	—	—	irs	—

注：“—”表示规模收益不变；“irs”表示规模收益递增；“drs”表示规模收益递减。

三、数据处理结果的效率分析

根据Deap 2.1软件对以上数据计算得到的结果，对四川省内各地市（州）的建筑业高质量发展效果评价进行横向比较分析如下。

1. 技术效率值分析

技术效率值是指在产出水平已经达到最优的情况下，其投入指标是否存在冗余的现象。通过表6-2的技术效率值可知，在2010—2018年仅有成都市始终保持技术效率有效，表明成都市充分利用了建筑业投入的资源。相对于其他市区而言，投入产出配置结构较为合理，基本不存在投入资源浪费的情况，其主要原因是成都作为一个经济较为发达的城市，拥有广阔的建筑市场前景，拥有较为先进的技术和丰富的管理经验。而四川省其他地市（州）不能始终保持技术效率有效的原因在于其建筑业正处在规模扩张阶段，技术管理水平与产业规模还不相适应。除此之外，相对成都市而言，其他地市（州）的基础设施建设较为落后且经营活动处于相对较差的环境，导致对机械设备和生产物资品有较强的依赖性。

2. 纯技术效率值分析

纯技术效率值主要用于分析不包括规模效率变化影响后的技术效率值，只受纯技术效率的影响程度，即由于技术和管理方面的不足使资源未得到充分利用，评估生产活动投入的资源所占比例大小。由表6-3中的纯技术效率值可知，各年达到纯技术效率有效状态的地市（州）分别有成都市、阿坝藏族羌族自治州、甘孜藏族自治州和凉山彝族自治州4个区域。其中，成都市经济比较发达，拥有了坚实的建筑业基础，进一步积累了先进的管理经验，阿坝藏族羌族自治州、甘孜藏族自治州和凉山彝族自治州地区对机械装备有较大的需求，主要由于落后的基础设施建设使投入资源组合中技术装备率所占比重较大所致。

3. 规模效率值及规模收益分析

规模效率值是以特定的外界环境和管理水平为前提，通过对比当前的生产规模与最优生产规模之间的差距，以评估资源投入组合的规模是否处于最佳状态。与此同时，各决策单元在调节行业建设规模的具体方向时，也主要通过规模收益情况体现。从表6-4中可知，2010—2018年，四川省各区域建筑业的整体规模效益平均值为0.97以上，表明建筑业生产规模已经达到了最佳状态，资源投入规模符合当前的生产水平。

第三节　基于DEA方法的四川省建筑业高质量发展纵向效果评价

为了对四川省建筑业高质量发展情况和规律有持续性的认识，在横向评价分析的基础上，进一步从时间维度对四川省建筑业高质量发展中的技术效率值进行纵向评价。

一、技术效率值分析

根据《四川省统计年鉴》收集的2010—2018年四川省建筑业高质量发展效果评价指标的投入产出数据，参考横向静态评价计算过程，运用Deap 2.1软件计算得出相关效率值结果如表6-6所示。

表6-6　2010—2018年四川省建筑业高质量发展的技术效率值情况

firm	DMU	crste	vrste	scale	
1	2010	1.000	1.000	1.000	—
2	2011	1.000	1.000	1.000	—
3	2012	1.000	1.000	1.000	—
4	2013	1.000	1.000	1.000	—
5	2014	0.997	1.000	0.997	irs

续表

firm	DMU	crste	vrste	scale	
6	2015	0.952	1.000	0.952	irs
7	2016	1.000	1.000	1.000	—
8	2017	0.592	1.000	0.592	irs
9	2018	0.673	1.000	0.673	irs
mean		0.913	1.000	0.913	

表6-6中反映的信息，综合效率crste是数据包络分析模型评估出的结果；纯技术效率vrste和规模效率scale由模型中综合效率crste进一步分解而来，即scale=crste/vrste。

在测算产出导向型DEA模型的技术效率值时，技术效率值等于1意味着该年份具备良好的效率，位于数据包络面的前沿。在产出一定的情况下，该年份有较多的产出。

从四川省2010—2018年技术效率的平均值可以看出，建筑业高质量发展的总平均技术效率值是0.913，从总体上处于较高的水平。2010—2016年（表格中firm一列的1~7行）四川省建筑业发展比较平稳，而且投入产出效率处于一个较高的水平，但在2017年呈急剧下降趋势，变化幅度较大。

通过对2010—2018年建筑业高质量发展的整体技术效率值进行排名后发现，有5个年份的数值等于1，表明其技术效率有效。详细分析可知，这5个年份的投入产出效率较为理性，说明2010—2018年四川省建筑业在资源配置方面完成较好。以上数据结果表明，样本年份有较高的资源使用效率。除此之外，当技术创新效率平均值达到0.919时，说明技术创新效果相对较好。根据数据显示，在2017年仅有0.592的整体技术效率值，由此可以看出技术效率仍然存在一定的问题。

二、规模效率值分析

规模效率值是判断每年规模大小是否适合建筑业高质量发展状态的指标，可以反映出最佳生产规模值与实际生产规模值之间的差距。当规模效率值大于1时，意味着四川省的建筑业规模收益呈递增状态，增加投入会被建筑企业接受；当规模效率值等于1时，表示四川省建筑业具有规模效应，此时有最合适的投入和产出规模。根据图6-4和图6-5可以得出结论：四川省建筑业总体水平上规模效率较好。2010—2018年的平均值为0.913，其中有55.6%的规模效率值大于1，44.4%的规模效率值小于1。由此说明，样本年份中有5年时间具备规模效应，其投入产出规模处于最佳状态。另外4年规模效益呈现出下降的趋势。因此，四川省建筑业高质量发展的规模需要进一步调整，避免建筑资源的浪费和闲置。①

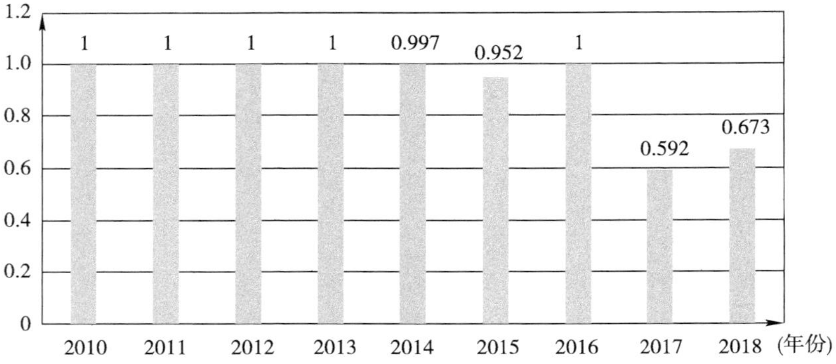

图6-4　2010—2018年样本规模效率值

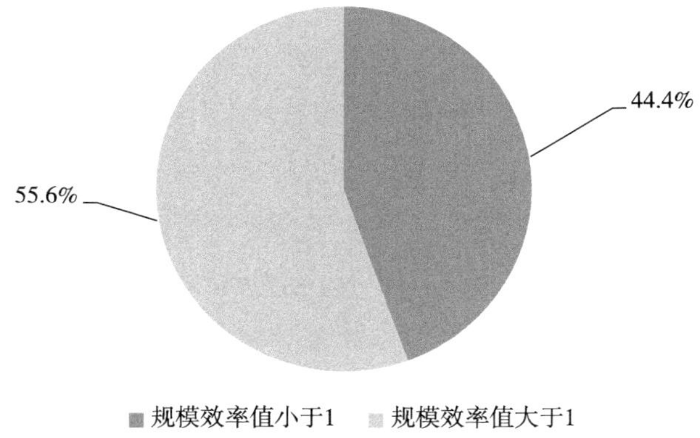

图6-5　2010—2018年样本规模效率分布图

在2010—2108年样本中，约44.4%年份的投入和产出未达到规模效应，表明在成本一定的前提下，建筑业的产出不是最佳，还存在很大的进步空间。

① 贾大风.黑龙江省装备制造企业绩效评价及提升机制研究[D].哈尔滨：哈尔滨工程大学，2017.

小　结

本章针对2010—2018年四川省建筑业高质量发展效果评价的实证分析内容，选取以产出为导向的BCC模型，进行高质量发展效果评价，并把相应年份的样本数据作为决策单元（DMU）。从技术创新视角选取了技术装备率和动力装备率2个输入指标；输出指标分别是劳动生产率和房屋建筑施工面积。从运营管理视角选取了建筑业从业人数和劳动生产率2个输入指标；输出指标分别是四川省建筑业总产值和利润总额。对原始数据处理之后，分析得到技术效率和规模效率数据结果。

第七章
建筑业高质量发展的动力机制简述

第一节　建筑业高质量发展的驱动机制

党的十九大报告指出：“我国经济已由高速增长阶段转向高质量发展阶段。”建筑业作为经济发展的支柱产业，需适应从高速增长到高质量发展的变化。因建筑业面临技术水平不足和行业管理观念制约，在转型过程中会遭遇更多的困难和挑战，易导致建筑业市场失灵和转型持续时间较长的局面。建筑业中，企业要采取措施向高质量阶段发展，就需要在转型过程中获得更大的收益。基于系统论的观点，建筑业高质量发展是一个由主体和客体构成的系统，系统中的主体包括建筑企业与政府，客体包括行业观念与技术水平。建筑业高质量发展过程中涉及各相关主体在经济利益、法律权益和社会利益方面的冲突，故各主体均有自身的目标函数。主体之间利益不一致的根源主要体现在行为主体的有限理性、外部效应引致的市场失灵两个方面。

一、建筑业高质量发展的主体与客体分析

1. 建筑业高质量发展的主体分析

（1）建筑企业。建筑企业同其他企业一样，开展生产经营活动的根本目的是在市场中追求经济效益。建筑业高质量发展不能为企业带来更大的经济效益，建筑企业的行为只是政策管理下的被动选择。而影响建筑企业自愿行为的决定性因素则是高质量发展带来的经济效益。

建筑企业实施高质量发展行为所获效益有短期和长期之分。从长期看，可以为其带来社会效益、生态效益和可持续性经济效益；从短期看，建筑企

业会因技术水平、传统观念和制度不完善而减缓实施高质量发展的行为。

但是，实践和研究结果表明，提升技术水平、转变传统观念、完善政策制度能在高质量发展过程中取得好的效果，从而获得更大的市场回报。所以，建筑企业应重视管理观念和技术水平，采取及时有效的措施创造更大的竞争优势和更有利的竞争条件。

（2）政府。促进建筑企业高质量发展，需要通过质量、效率、动力三大变革，从而使建筑业从“粗放型发展”转型为“精细化发展”。在建筑业高质量发展过程中，政府承担着管理、监督和仲裁者的角色，其职能是促进社会经济和行业的可持续发展。建设行政主管部门在市场运行过程中进行组织、监督和控制，并制定了一系列行之有效的规范和准则加以保证，使市场能协调有序的运行。

2. 建筑业高质量发展的客体分析

（1）技术水平。目前，我国建筑业大部分从业人员缺乏系统培训。例如，评定工人技术水平的标准不完善，无完善的工人技术培训体系等。而我国“人口红利”的减弱以及人口老龄化等现状加速了上述问题的扩大和深化。只有精益求精的“工匠精神”才能形成高品质的产品和服务，这种精神源于长期的培养和对产品的专注，同时还需要设立相应的长效机制。因此，对建筑行业从业人员进行系统化、专业化的培训是从技术水平上推动高质量发展的基础。

（2）行业观念。建筑业具有传统性，行业中多数企业保持着粗放的建造方式和传统的管理理念，造成生产效率低、资源浪费较大，不符合现代化生产方式和国家的可持续发展战略。若要改变建筑业的生产方式，其核心内容在于培养现代化和产业化思维模式，增强建筑产业链的系统性。建筑业供给侧结构性改革的推进是其高质量发展的关键手段之一，必须结合行业的现实情况，继续提高建筑产品品质和行业发展的低碳、绿色环保的整体水平。对于建筑行业中的主体，需不断转变管理理念，扩大其涉及的领域，并使其壮大成为综合型建设服务企业。

推进建筑业高质量发展的驱动机制是指建筑业系统高质量运行过程中的动力获取及其作用方式。建筑业高质量发展过程中存在诸多相互关联、相互作用的影响因素，形成不同的驱动机制。其中，内部驱动机制包括经济利益驱动、企业文化驱动和技术人才驱动；外部驱动机制包括社会价值驱动、市场竞争驱动和政府政策驱动。

二、内部驱动机制

1. 经济利益驱动

“我国经济已由高速增长阶段转向高质量发展阶段”是党的十九大对我国经济发展做出的重大判断。在建筑业高质量发展过程中，各相关主体追求自身利益最大化。政府部门推动建筑业高质量发展，能够促进行业转型升级，实现更高的经济附加值。企业通过转型升级和提质增效，不断提高品牌影响力,从而取得更好的经济效益。

2. 企业文化驱动

企业文化反映一个企业的内在思想（使命、宗旨、精神、愿望、经营理念等），以及在此思想下的生产经营活动、管理体系、企业形象等内容。企业文化的形成具有长期性、实践性和认同性等特征，是企业的精神支撑并且体现在企业的经营活动中。企业文化的独特性是指导企业制定战略的基础，是企业发展的根源，突出企业的核心竞争力，并将其融入企业底蕴中。因此，企业文化有利于塑造企业核心竞争力。要提升建筑业企业核心竞争力，应重视企业文化建设并对其进行持续不断的创新、发展和培育。建筑企业文化培育应包括质量文化、安全文化、技术文化和信誉文化。比如，质量文化体现了建筑企业对其产品的质量要求，并时刻反映质量管理中的精神理念；安全文化则通过长期生产经营活动形成，以物质载体作为表现形式，旨在表达人文观点和社会责任意识，并影响着企业职员的思维观念、工作能力和道德品行等；技术文化体现在企业技术发展活动的思想意识上，对企业技术发展机制的运营产生作用；信誉文化是在当前经济市场背景下，作用于人际、社会间各项经济活动的信誉关系和行为的一种理念约束和基本思想。

3. 技术人才驱动

推进建筑企业高质量发展，需要技术人才的创新能力支持。技术人才对于高质量发展的认知来源于知识层次、社会责任感和道德水平等因素，要想更好地做出相应创新计划并能够实施，需要对技术人才给予高度重视。

第一，倡导工匠精神，优化高技能人才生存环境。要形成“品质化”“精细化”的生产观念，不断优化高技能人才的生存环境，将“小点”零散式宣传拓展为完整系统性宣传。另外，要引领社会树立并弘扬“工匠精神”，尊重劳动工作者，并且积极利用新媒体对其进行主动式宣传。

第二，打造工匠辈出的机制。为确保“中国制造2025”战略的全面落地，需大力执行国家和地方的发展政策，深化体制改革；同时，对应部门创建专业人才职业发展渠道，逐步完善技术人才考核评估制度，强调技术能力的实用性和创新性。

第三，提高工匠人群基本素质。首先，增强对技术人员的专业培训，全面提高施工人员的技术操作能力，同时结合政府、建筑企业、个人和社会四大主体，积极构建技术人员和专业人才的培育体制。其次，对于尚未接受专业学习和培训的农民工人，有关部门应该构建全覆盖、高标准、严机制的技术人员培育机制。

三、外部驱动机制

1. 社会价值驱动

因建筑业从业人员技术水平不足、行业传统观念约束等问题制约了建筑业高质量发展。传统的发展方式导致生产效率低、资源利用不充分，竞争力较弱。为此，政府相继出台各项政策，大力推行建筑业高质量发展。通常，多数企业以经济收益和销售额作为运营结果的评判标准，而建筑业高质量发展要求在此基础上还要扩充社会责任等综合性指标。若企业注重社会形象和内在价值的双重提升，则在经济层面也会取得较好成绩。技术水平及行业观念在社会形象和内在价值中占有决定性地位。许多企业为增强对外竞争力，采取措施改善企业文化和提升核心技术。随着新时代的到来，建筑业既要担负起传统制造业龙头的重任，始终保持自己的初心，更要弘扬工匠精神，不断提高产品质量，创造社会价值，其中最要紧的是加强自身的产品创新能力和核心竞争力，促进产业转型升级，提供高品质的产品和服务，使建筑业得以可持续发展。

2. 市场竞争驱动

在经济快速发展的大环境下，不可忽视建筑市场的主要引领作用。明确市场需求，探究市场动向，是建筑企业在市场体制下生存和取胜的关键。建筑企业在激烈的市场竞争中，为了不断提高自身综合实力，通过变革、转型、创新等方式推动并实现高质量发展，拓展企业市场和专业领域，提高企业在市场中的地位，从而增强企业竞争力。对建筑业而言，不仅提高了劳动生产效率，同时也增强了行业的竞争能力。

3. 政府政策驱动

建筑业高质量发展具有覆盖面广、影响程度大的特点。政府在经济发展中的举措具有两面性：若政府的措施力度不足，则产生作用小，导致行业发展速度慢；若举措得当，则促进经济持续性增长。高质量发展与社会经济中诸多因素有着不同程度的关联，例如，观念与行为、生产与消费、个人和社会等。这在一定程度上会增加交易成本，如果政府给予积极支持、制定具有促进作用的措施，就能从根本上促进建筑业高质量、快速发展。对于建筑业高质量发展的体制，政府应立足于宏观长远利益，在综合方面（企业技术水平、绩效管理、文化精神等）考虑后制定相应的发展战略。企业在发展初期面临诸多困境，政府应有针对性地采取相应的措施，使高质量发展的外部效应内在化，会对建筑业高质量发展模式的转变起着较大的积极作用。例如，通过制定财政性补贴、公共管理和法律规范等形式达到目的。

四、建筑业高质量发展的驱动模型

由于建筑业高质量发展过程中不同主体在动机上存在着差异性，但相互间又存在着紧密联系。不同主体动机之间的相互作用形成高质量发展的驱动机制模型，如图7–1所示。

建筑业从事经营活动的主要目的在于利润最大化。对于外部生态环境的变化，企业的关注力度较弱，在追求利益最大化时，会忽视政府推动高质量发展的需求和规定。但建筑企业通常在政府引导和市场竞争的压力下，会关注自身发展，紧跟行业发展趋势，实施建筑业高质量发展的相关措施。外界的影响和压力存在双向性，不仅在于市场运行对政府决策产生影响，还在于政府通过制度和规定对市场主体行为产生影响，促使社会主体提高发展意识。随着发展意识的提高，政府会对建筑业采取不同的措施，促使建筑业以高质量发展为目标，市场、企业、政府彼此相互关联，共同作用，以使建筑业高质量发展目标得以实现。

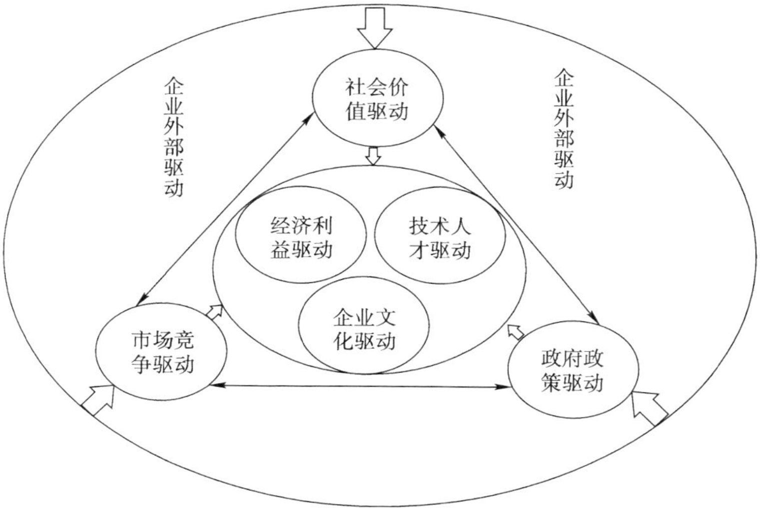

图7-1　高质量发展的驱动机制模型

第二节　建筑业高质量发展中主体间的博弈机制

一、建筑企业间的博弈

建筑企业的目的是通过经营活动追求利益最大化，对于是否以高质量发展为目标，在于高质量发展是否能为其带来预期收益。若能达到预期利益目标，则建筑企业倾向选择实施高质量发展的措施。对于建筑企业之间的博弈过程假设如下。

建筑企业A对高质量发展采取措施后能获得大于其他建筑企业的利润；当

建筑企业B作为新兴企业进入建筑业时，若想取得与A相等的利润，可以做出两种选择：以高质量发展为目标RM与不以高质量发展为目标CM，则企业A与企业B之间的博弈如图7–2所示。

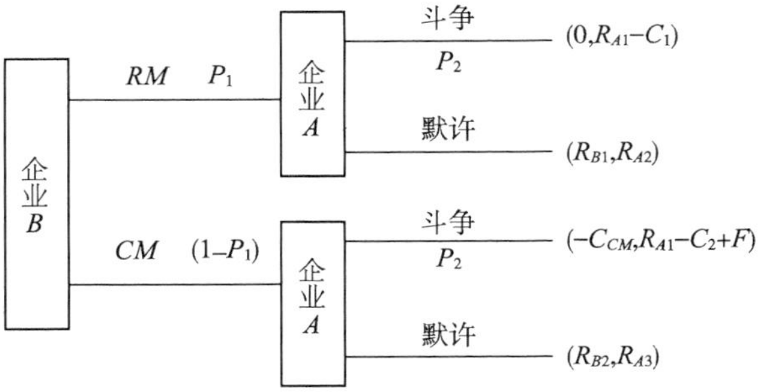

图7–2　两个建筑企业之间的博弈

如图7–2所示，对于企业A而言，面对企业B进入市场，选择斗争和默许两种策略。图7–2中P_1为企业B选择以高质量发展为目标RM的概率，P_2为企业A选择斗争的概率；R_{A1}、R_{A2}与R_{A3}为企业A所得的利益（$R_{A1}>R_{A2}>R_{A3}$）；R_{B1}与R_{B2}为企业B的所得利益；C_1与C_2为企业A的斗争成本；C_{CM}为企业B选择传统建筑模式的风险成本；F为企业B不以高质量发展为目标时，企业A选择斗争所取得的额外收益。

（1）企业B的期望利润为：

$$E_B=P_1(1-P_2)R_{B1}+(1-P_1)[-P_2C_{CM}+(1-P_2)R_{B2}] \tag{7-1}$$

令$\frac{\partial E_B}{\partial P_1}=0$，则有$P_2^*=(R_{B2}-R_{B1})/(C_{CM}+R_{B2}-R_{B1})$

令$\Delta R_B=R_{B2}-R_{B1}$（一般，$\Delta R_B>0$），则有$P_2^*=1/(1+C_{CM}/\Delta R_B)$。

当$P_2>P_2^*$时，企业B理性选择不以高质量发展为目标；反之，则选择高质量发展作为目标。企业A选择斗争的可能性与C_{CM}成反比，表示企业A选择斗争的概率越大，风险成本越小；然而，企业B在是否选择以高质量发展为目标策略下的利润差距越大，企业A选择斗争的概率越大。

（2）企业A的期望利润为：

$$E_A=P_1[P_2(R_{A1}-C_1)+(1-P_2)R_{A2}]+(1-P_1)[P_2(R_{A1}-C_2+F)+(1-P_2)R_{A3}] \tag{7-2}$$

令$\frac{\partial E_A}{\partial P_2}=0$，则有$P_1^*=(C_2-F+R_{A3}-R_{A2})/(C_2-C_1-F+R_{A3}-R_{A2})$

令$\Delta R_A=R_{A2}-R_{A3}$，$\Delta C_2=C_2-F$，则有$P_1^*=1/[1-C_1/(\Delta C_2-\Delta R_A)]$

当$P_1>P_1^*$时，企业A会选择默许策略，相反，则选择斗争策略。企业B选择以高质量发展为目标的概率P_1^*与C_1成正比，表示企业A的斗争成本越低，其选择斗争的概率越大，而企业B选择以高质量发展为目标的可能性越小；企业A选择公平竞争时所得利益大于不公平竞争的利益，即$\Delta R_A>0$。在较为公平的市场环境下企业A获得的利润越大，企业B选择以高质量发展为目标的概率就越大；企业B选择不以高质量发展为目标，当企业A的斗争成本越小时，其选择斗争的概率越大，即同ΔC_2成反比时，企业B选择以高质量发展为目标的可能性越大。

二、政府与建筑企业的博弈

1. 静态博弈

建筑业高质量发展过程中，政府对企业的行为实施监督并存在监督成本，但实施监督管理行为受到人力和财力等因素的影响只能局限在一定范围内，进而形成政府与企业之间的持续博弈。政府执行监督的策略方式基于两个方面：一方面在于收益水平。若建筑企业采用传统经营方式的收益越高，政府越有必要采取监督的策略，或随着建筑企业低标准的模式所得收益提高，政府就有提高监督的必要性。另一方面，政府的惩罚力度与监督可能性呈负相关，政府的惩罚力度越低，则采取监督的概率就越高。监督成本随着惩罚力度的提高而减少，建筑企业高质量发展措施的概率随着惩罚力度的增加而增加。

本书利用博弈分析政府与企业之间的均衡策略，从政府角度研究企业实施高质量的具体行为，分析高质量发展能否产生良性影响，为我国建筑业高质量的可持续发展的相关政策拟定提供一定的参考。

（1）基本假设。假设博弈主体为政府和建筑企业，双方在高质量发展过程中分别做出决策。对于静态博弈，双方是在不知晓对方决策行为下做出的策略选择；而对于完全信息博弈，则参与双方都是理性决策。在建筑企业实施高质量发展过程中，注重对成本的控制。若建筑企业不采取高质量发展的相关措施，则行业的发展受损。另外，一旦政府在监督过程中发现企业未达到高质量标准，建筑企业应承担相应责任和经济损失。

（2）基本模型建立。通过以上假设，政府和建筑企业可以建立完全信息下的静态博弈模型。在政府的推动下，建筑企业策略选择形成的收益成本如下。

若建筑企业实施高质量发展措施所得收入为r_1，所付出的成本之和为c_1；

若建筑企业未实施高质量发展措施，所得收入为r_2；

政府监督建筑企业建立高质量发展相关行为需付出的成本假设为c；

因不实施高质量发展措施而受到损失，建筑企业付出的金额为c_p；

建筑企业因未实施高质量发展措施而处于政府监督下的概率假设为p。

从理性的角度出发，政府和建筑企业均会考虑收益成本后进行科学合理的决策。双方博弈策略模型如表7–1所示。

表7–1　政府与建筑企业的博弈矩阵

建筑企业	政府	
	监督（y）	不监督（$1-y$）
实施（x）	r_1-c_1，$-c$	r_1-c_1，0
未实施（$1-x$）	r_2-pc_p，pc_p-c	r_2，0

从政府角度看，对企业的处罚收入比监督成本要高，即$pc_p>c$。当建筑企业因没有实施高质量措施而受到处罚时，处罚金额应比实施高质量的成本高，否则建筑企业不愿意增加成本去实施高质量措施，而只缴纳一定罚款，即$pc_p>c_1$；建筑企业以利益最大化为目标，所以决定建筑企业是否实施高质量的关键点在于产生的利润高低，若实施高质量后的利润比传统建筑模式的利润低，这就为建筑企业不实施高质量提供了动因，即$r_1-c_1<r_2$；政府监督最有效的方式在于建筑企业被惩处后的效益应维持在较低的水平，即$r_1-c_1<r_2$。其中，政府监督与不监督的概率分别用y、$1-y$表示；建筑企业对于高质量实施和不实施的概率分别用x、$1-x$表示。

（3）模型求解。从表7–1中可以看出，如果建筑企业以高质量发展为目标，政府的最佳选择是不监督；若政府选择不进行监督，则建筑企业不以高质量发展为目标；如果建筑企业不以高质量发展为目标，则政府的最佳策略为监管。因此构成了一个循环组合，任何一个参与方为了达到利益最大化，都存在改变策略的概率，其博弈结果难以达到均衡策略组合。

若π_1、π_2分别代表建筑企业和政府的期望收益，其计算公式为：

$$\pi_1=x[(r_1-c_1)y+(r_1-c_1)(1-y)]+(1-x)[(r_2-pc_p)y+r_2(1-y)] \tag{7-3}$$

$$\pi_2=y[-cy+(1-x)(pc_p-c)]+(1-y)\times 0 \tag{7-4}$$

对公式（7–3）和公式（7–4）分别求导，得到建筑企业和政府的一阶最优条件为：

$$\frac{\partial\pi_1}{\partial x}=r_1-c_1+pc_py-r_2=0 \tag{7-5}$$

$$\frac{\partial\pi_2}{\partial y}=pc_p-c-pc_px=0 \tag{7-6}$$

联合求解，可得$x^*=\dfrac{pc_p-c}{pc_p}$，$y^*=\dfrac{r_2-r_1+c_1}{pc_p}$

所以，$\left(\dfrac{pc_p-c}{pc_p},\dfrac{r_2-r_1+c_1}{pc_p}\right)$即为博弈组合策略下的纳什均衡解。

从建筑企业角度看，在$x\in\left(\dfrac{pc_p-c}{pc_p},1\right]$和$x\in\left[0,\dfrac{pc_p-c}{pc_p}\right)$的状况下，建筑企业会分别选择以高质量发展为目标和传统的发展为目标的策略。从政府的角度出发，在$y\in\left(\dfrac{r_2-r_1+c_1}{pc_p},1\right]$和$y\in\left[0,\dfrac{r_2-r_1+c_1}{pc_p}\right)$的状况下，政府会分别选择不监督和监督的策略。另外，在$x=x^*=\dfrac{pc_p-c}{pc_p}$，$y=y^*=\dfrac{r_2-r_1+c_1}{pc_p}$的状况下，双方存在博弈均衡的可能性。

博弈模型的纳什均衡解与p（政府监督程度）、c_p（建筑企业所受处罚）、c（政府监督成本）、c_1（建筑企业实施高质量发展的成本）、r_1（建筑企业未实施高质量的收益）与r_2（实施之后的收益）之间存在着关系。从上述的表达式中可知：要使建筑企业积极参与到高质量发展过程中，政府要增强监督（p），加重对建筑企业未实施高质量的监管（c_p）。另外，需要最大限度地缩减监督成本（c），利用政府的推动力量使高质量发展的相关工作高效地开展。

如果p（监督程度）提高，c（监督成本）下降，x（建筑企业积极推行的概率）降低，则$c_p=\frac{c}{p(1-x)}$（惩罚力度）会随之降低，同理，反向情况也是如此。

（4）基于责任损失的政府与企业实施高质量发展的博弈分析。建筑企业以利益最大化为原则，决定是否积极参与高质量发展的根本因素在于收益和成本，同时还会受限于相关制度和政策。实际上，部分建筑企业在高质量发展中可能采取与政策不一致的行为，应受到处罚；政府对企业进行处罚时，理论上会考虑到自身的责任损失，从而削弱对各企业的处罚程度。

假设在推进建筑业高质量发展过程中，政府和建筑企业均受到一定局限。若建筑企业未实施或遵循高质量的相关制度，既要受到处罚又采取高质量发展的措施；政府对实施高质量建筑企业进行监管时，若因政府工作方式等原因未及时惩处违规企业，将承担相应责任。基于责任损失影响的考量，调整后得到政府和企业新的收益模型，如表7–2所示。

表7–2　基于责任损失的政府与建筑企业的博弈矩阵

建筑企业	政府	
	监督（y）	不监督（$1-y$）
实施（x）	r_1-c_1，$-c$	r_1-c_1，0
未实施（$1-x$）	$r_2-p(c_p+c_1)$，$pc_p-c-(1-p)c_1$	r_2，$-c_1$

从表7–2可知，若建筑企业实施了高质量发展的措施，则政府不监督为最优策略；若政府不监督建筑企业，则建筑企业可能不会实施高质量发展措施；若建筑企业未实施高质量发展措施，即$pc_p-c-(1-p)c_1>-c_1$时，政府的最优策略为监督，因此建筑企业将会实施高质量发展措施。以上形成了一个循环机制，参与双方均可改变行为而最大化自身利益，因此上述博弈行为难以使博弈双方主动维持均衡状态，由此形成组合完全信息的相关问题。

根据上述情况，建筑企业和政府的期望收益表示为π_3、π_4，其计算公式有：

$$\pi_3=x[(r_1-c_1)y+(r_1-c_1)(1-y)]+(1-x)\{[r_2-p(c_p+c_1)]y+r_2(1-y)\} \tag{7–7}$$

$$\pi_4=y\{-cx+(1-x)[pc_p-c-(1-p)c_1]\}+(1-y)[0-c_1(1-x)] \tag{7–8}$$

对公式（7–7）和公式（7–8）分别进行求导，得到建筑企业和政府的一阶最优条件为：

$$\frac{\partial \pi_3}{\partial \pi}=r_1-c_1+pc_p y-r_2+pc_1 y=0 \tag{7–9}$$

$$\frac{\partial \pi_4}{\partial \pi}=pc_p-c+pc_1-(pc_p-c_1 p)x=0 \tag{7–10}$$

联合公式（7–9）和公式（7–10）求解，可得

$$x^{**}=\frac{pc_p+pc_1-c}{pc_p-pc_1},\ y^{**}=\frac{r_2-r_1+c_1}{p(c_p+c_1)}$$

即$\left(\frac{pc_p+pc_1-c}{pc_p-pc_1},\frac{r_2-r_1+c_1}{p(c_p+c_1)}\right)$即为博弈组合策略下的纳什均衡解。若$x=x^{**}=\frac{pc_p+pc_1-c}{pc_p-pc_1},y=y^{**}=\frac{r_2-r_1+c_1}{p(c_p+c_1)}$，则可得到博弈均衡的结果。其中，$c_1$（在博弈均衡解下建筑企业推动高质量发展的成本）、$c$（政府监督成本）、$c_p$（罚金），以及$p$（政府监督效率）、$r_1$（建筑企业推动高质量发展以前的收益）、$r_2$（推动高质量发展以后的收益）。比较：$x^{**}$和$x^*$，$y^{**}$和$y^*$可知，在由建筑企业承担社会责任的条件下，其实施高质量发展措施的概率从$\frac{pc_p-c}{pc_p}$提升至$\frac{pc_p+pc_1-c}{pc_p-pc_1}$；同时，随着监督有效性的提高，政府监督概率也从$\frac{r_2-r_1+c_1}{pc_p}$降至$\frac{r_2-r_1+c_1}{p(c_p+c_1)}$，政府需付出的监督成本和精力逐渐减少。由以上分析可知，在建筑业高质量发展进程中政府相关部门发挥监督管理作用，不但能激发建筑业实施高质量发展的主动性，还能有效引导政府的监督行为。

对于企业而言，首先要重视技术创新，改变传统管理和经营观念。其次，政府要完善监督机制，为建筑企业营造良好的外部条件，促使建筑企业主动实施高质量发展的相关措施。根据博弈结果的分析，可以得出如下建议。

第一，建筑企业是推动建筑业高质量发展的重要参与主体，应积极主动地推动高质量发展。建筑业高质量发展降低了建筑成本，并使建筑企业收益逐渐达到最大化。

第二，政府要加强监管惩处力度。我国建筑业高质量发展起步相对较

晚，在政策和制度上不够完善，部分建筑企业不遵循相关制度。面对此情况，政府要加大处罚力度，推动建筑业高质量发展。采用此措施在短期可达到一定的效果，但从长期来看，政府的监管受到资金和精力的限制。随着监管力度的下降，建筑企业将偏离高质量发展的方向，政府应加重对未实施高质量或偏离高质量发展方向的建筑企业的惩处（c_p）。

第三，构建以责任亏损为根本的新型体制。对于未实施高质量发展的建筑企业，不仅要缴纳一定的处罚金，还要在政府监督下继续实施高质量发展；对于监督过程中存在失职问题的相关部门，应对造成的社会损失和经济问题负责。责任亏损体制的使用，一方面能提高建筑企业的主动性，另一方面还可以在政府监督过程中避免失职行为。

第四，组建高效监督小组。运用相应措施提高政府的监督程度（p）来协助建筑企业建立完善的核查评价体系；查出建筑企业在实施过程中存在的隐患问题，政府需使其监督成本最小化（c）。

2. 动态博弈

在静态博弈分析中，建筑企业和政府双方采取行动时间间隔短，在做出选择前并不了解对方的决策。现实中通常有两种情况：一是政府具有预见性，在建筑企业还未参与实际项目或在项目实施过程中未以高质量发展为目标时，政府提前制定策略方针，积极推动建筑业高质量发展，做好监督指导工作，使建筑企业做好决策。二是建筑企业采取行动，但偏离高质量发展方向，从而引起政府关注制定相应的政策和制度。基于博弈的理论原理，考虑建筑企业同政府间的行为关系，可构建对应的博弈模型。从政府的角度看，针对建筑企业发展高质量的实际情况形成了两个阶段的博弈机制：一是政府的监督是依据建筑企业实施的概率选择；二是假定政府监督的概率保持不变并作为建筑企业采取高质量发展措施的依据。

（1）政府与建筑企业高质量决策的动态博弈模型。对建筑企业而言，要衡量短期和长远利益，建立科学合理的实施高质量发展措施的协调体制。另外，政府的监督行为、评价机制和建筑企业对政策执行情况有着直接的联系。若未达到预期效果，政府则采取相应的措施对企业进行监管，将影响企业的长远效益。

假设建筑企业和政府的行为具有先后顺序。建筑企业根据政府的管理制度和监管行为做出决策，或是在建筑企业选择是否实施高质量决策后，政府做出行为选择。由此形成的动态博弈策略模型如表7-3所示。

表7-3　政府与建筑企业的动态博弈矩阵

建筑企业	政府		
	监督（y）		不监督（$1-y$）
	查实（p）	未查实（$1-p$）	
实施（x）	$-c_1-\delta$，$-c$	$-c_1\delta$，$-c$	$-c_1\delta$，0
不实施（$1-x$）	$Q-c_p\delta$，c_p-c	Q，$-c-aQ$	Q，$-aQ$

假设建筑企业实施高质量发展措施付出的成本为c_1；政府的监督成本为c，而政府监管到建筑企业未实施高质量措施的罚金为c_p。若建筑企业受利益驱动选择了不实施高质量措施的决策，但在政府强制发展高质量的前提下建筑企业获得的经济利益为Q，其决策导致的损失表示为$aQ(a\geqslant 1)$。再假设建筑企业的折现因子用$\delta(0\leqslant\delta\leqslant 1)$（$\delta$是指代建筑企业时间长短和偏好的函数，与企业当前收益的重要程度和时间成反比关系）表示。另外，假定政府监督的概率为x，建筑企业实施高质量发展的概率为y；政府核查到企业未发展高质量的概率为p。

（2）模型求解。第一，政府监督概率不变的动态博弈模型求解。

若政府的监督概率保持既定状态，则建筑企业是否实施高质量措施的预计收益分别为：

$$\pi_1=-yc_1\delta-(1-y)c_1\delta \tag{7-11}$$

$$\pi_2=y[p(Q-c_p\delta)+(1-p)Q]+(1-y)Q=Q-ypc_p\delta \tag{7-12}$$

若建筑企业是否实施高质量所得收益不变，则依据$\pi_1=\pi_2$政府的最优监督概率为 $y^*=\dfrac{Q-c_1\delta}{pc_p\delta}$。$y^*$（政府最优监督概率）和$p$（查实概率）、$c_p$（惩罚力度）三者成反比关系，同$c_1$（建筑企业发展高质量的成本）、$\delta$（建筑企业折现因子）也是反向关系，但同$Q$（建筑企业未实施发展高质量措施所得收益）存在正向关系。因此在博弈模型中，Q的存在具有独立性，基于市场环境下的政策规定，不受建筑企业的影响，是一个固定值。因此，本书将分析δ取不同数值的各种情况。

情况1：$\delta<\frac{Q}{pc_p+c_1}$。若建筑企业的折现因子$\delta<\frac{Q}{pc_p+c_1}$，则政府的监督概率为$y>1$，依据实际情况，$y$值很难得到。根据$0\leqslant y\leqslant 1$，政府的最优监督概率为$y=1$，即政府需对事后进行全面的监督和管控。同时，建筑企业是否实施高质量措施的预计收益差异为$Q-ypc_p\delta+c_1\delta$且大于0，说明不实施高质量措施的收益更高，此时建筑企业会选择不实施。如果建筑企业没有长远目标，即$\delta<\frac{Q}{pc_p+c_1}$，则政府对推动高质量的监督工作必须全过程贯彻。$\delta$的取值取决于建筑企业的时间长短和偏好，而偏好与企业的类型有关，政府可以变动δ值进行调节，即认为将监督时间覆盖到从事前至事后是最为理想的状态。

情况2：$\frac{Q}{pc_p+c_1}<\delta<\frac{Q}{c_1}$。若建筑企业的折现因子$\frac{Q}{pc_p+c_1}<\delta<\frac{Q}{c_1}$，则政府监督的概率是$0<y<1$，且$0<p\leqslant 1$。此时$\delta c_1<Q<\delta(pc_p+c_1)$，如果政府的查实概率（$p$）得到提高，惩罚力度（$c_p$）不断增强，则有$Q-ypc_p\delta+c_1\delta<0$，即建筑企业采取高质量措施所得收益更高，政府会发挥引导作用。相反，若$Q-ypc_p\delta+c_1\delta<0$，即$p$受限且$c_p$值较小，建筑企业实施高质量发展后的收益低于不实施的收益，因此企业有理由不实施高质量决策。

情况3：$\delta\geqslant\frac{Q}{c_1}$。若建筑企业的折现因子$\delta\geqslant\frac{Q}{c_1}$，（$0-c_1\delta\leqslant 0$），则$y=\frac{Q-c_1\delta}{pc_p\delta}\leqslant 0$。若$y=0$，表示政府不监督建筑企业的实施行为。基于现实情况，建筑企业从长远角度会加大对环保和消费者权益等问题的考虑，即$\delta\geqslant\frac{Q}{c_1}$。而政府对于主动推行高质量的建筑企业会降低监管力度并提出奖励措施。因此，建筑企业若要实现提升社会地位、降低成本等目的，最佳的途径便是发展高质量，才能获得长期稳定的收益。

第二，建筑企业发展高质量概率不变的动态博弈模型求解。

若建筑企业发展高质量的概率保持不变，则政府是否监督策略的预计收益分别为：

$$\pi_3=p[-cx+(1-x)(c_p-c)]+(1-p)[-cx+(x-1)(c+aQ)] \tag{7-13}$$

$$\pi_4=(x-1)aQ \tag{7-14}$$

根据$\pi_3=\pi_4$得到：$x^*=1-\dfrac{c}{pc_p+paQ}$。

x^*（建筑企业发展高质量的最优概率）同c_p（惩罚强度）、p（查实强度）、aQ（社会损失）为正向关系，与c（监督成本）为反向关系。所含Q（建筑企业未实施高质量措施所得收益）仍是具备独立性的固定量值。若建筑企业发展高质量的概率稳定不变，则建筑企业不同的行为选择将会给社会带来不同的作用，而选择结果可能带来的社会损失必须由建筑企业承担，这便成为企业发展高质量与否的关键因素。由此，社会损失系数也是本书研究分析的对象之一。

情况1：$a<\dfrac{c-pc_p}{pQ}$。若社会损失系数是$a<\dfrac{c-pc_p}{pQ}$，则建筑企业采取发展高质量的概率为$x<0$。但结合实际情况，x的取值难以达到理想要求，因$0\leqslant x\leqslant 1$，故$x=0$为最优的实施概率。该情况下建筑企业会选择不实施高质量发展的策略，政府是否监督的利益差距为$p(1-x)(cp-aQ)-c>0$，即政府不监督的利益小于监督的利益，则政府会选择进行监督的策略。

情况2：$a>\dfrac{c-pc_p}{pQ}$。若社会损失是$a>\dfrac{c-pc_p}{pQ}$，且$0<x<1$，则不能确定$p(1-x)(c_p-aQ)-c$是否为正值。如果p（政府查实概率）和c_p（惩罚强度）较大，但c（监督成本）较小，则是否进行监督的收益差值为$p(1-x)(c_p-aQ)-c>0$，即政府不监督的利益小于监督的利益，政府会选择进行监督的策略。相反，如果$p(1-x)(c_p-aQ)-c<0$，政府的最优选择是不监督，因为监督工作存在不足会产生“空白”和“漏洞”。但事实上，政府在政策规范执行中需要发挥引导和鼓励作用，兼具维系社会、经济的可持续发展职责。因此，即使监督与否的利益差值小于0，也要履行其监督责任。综上所述，政府实际的处理方式是积极提高监督概率p，增加企业违规的惩处强度c_p，并努力降低监督成本c，使政府的利益趋近于$p(1-x)(c_p-aQ)-c>0$。该策略选择不但保持了经济的可持续发展性，提高了政府的监督效益，还加强了市场监督的有效性，促进建筑业高质量发展。

情况3：$a\to+\infty$。假设社会损失系数是$a\to+\infty$，即建筑企业若不实施高质量发展措施将产生较大损失，则企业实施高质量的概率为$x=1$。该情形下$Q-ypc_p\delta+c_1\delta<0$，政府的策略是选择不监督。

（3）模型的进一步分析。对于建筑业高质量发展的作用途径，建筑企业和政府各自的策略选择均会受到对方的影响。实施高质量措施的关键在于必须具有完善的监督管理体系，为建筑业打造一个有利于发展高质量的平台，吸引建筑企业采取高质量发展的措施。根据对博弈模型的分析，得出以下两个切入点。

第一，增强政府的行政惩处强度。

由图7–3可知，政府监督下未实施高质量的建筑企业获得的效益为$p(Q-c_p\delta)+(1-p)Q$，表示为A点；政府对未实施高质量的建筑企业不进行监督的情况下，企业获得的效益为Q，表示为C点。若纳什均衡点与B点位置重合，政府监督和不监督的概率分别为y^*,（$1-y^*$），而在A点至C点间任取一个点，其横坐标为$1-y$（不监督的概率），纵坐标为$A-A'$（对应的未实施高质量策略时的预计收益）。

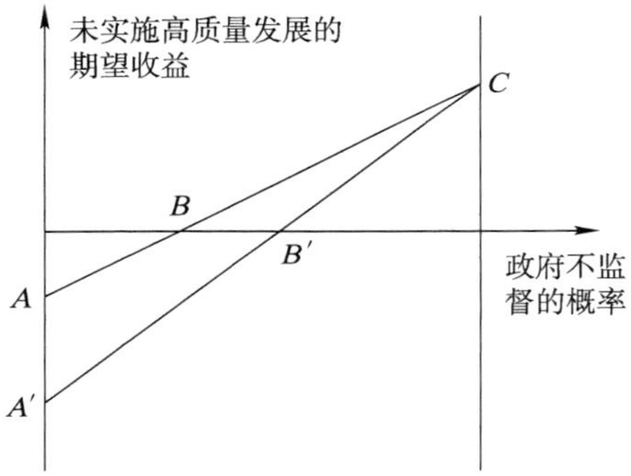

图7–3　增强行政惩处的政策效果

假设政府不进行监督的概率高于$1-y^*$，建筑企业实施高质量发展措施的利益低于不实施的利益，则企业最佳策略是不实施高质量发展措施。依据图7–3所示，当$1-y^*$（建筑企业未实施高质量的概率）提高后，各个企业不实施高质量发展措施的预计收益呈直线上升的趋势，导致建筑企业发展高质量的意愿普遍下降。结合现实情况，若大多数建筑企业均不实施高质量发展措施，政府就会使用各种政策对其进行管理，其中加强监督强度就是主要方式之一。随之建筑企业不实施高质量的期望收益也会连续下降直至B点（0值）。

政府惩处强度的升高会导致AC线移动到$A'C$线的位置，且$1-y^*$概率下的收益值变成负值，B'成为新的平衡点。从长远发展看，若监督概率降低，则未实施高质量的概率就会上升，且降低政府监督概率的对策只是短期适用，该策略无法在长时间内使建筑企业保持高质量发展的主动性。相反，如果政府不监督的概率低于$1-y^*$，则未实施高质量发展的企业预计收益为负值，因此建筑企业必定选择高质量发展的策略。另外，如政府提高监督概率，并维持在$1-y^*$以下，则建筑企业也会选择高质量发展的策略。

第二，增强政府能力建设，建立责任体系。

假设政府工作出现不足，忽略了对未实施高质量发展措施建筑企业的监督，政府必须对其造成的社会、经济损失负责。由图7–4所示，政府首先要对发生失职行为进行处罚，可改变其选择不监督的期望收益，并且该收益从AC线移至AC'线。而原先位于B点政府不监督的概率也随之发生改变，从原先的0变成负数，这就迫使其加强监管力度。未实施高质量发展措施的企业利益均衡点的变化，形成新的混合策略纳什均衡，其均衡值由B移至B'。与加大政府对建筑企业的惩罚力度相比较，政府责损体系构建与建筑业高质量发展效果关系较大。增强对企业的处罚力度，加速实施建筑业高质量发展，不但能提升建筑企业高质量发展的意愿，同时使政府管理部门能高效执行工作任务，故应高度重视提升政府监督的概率。

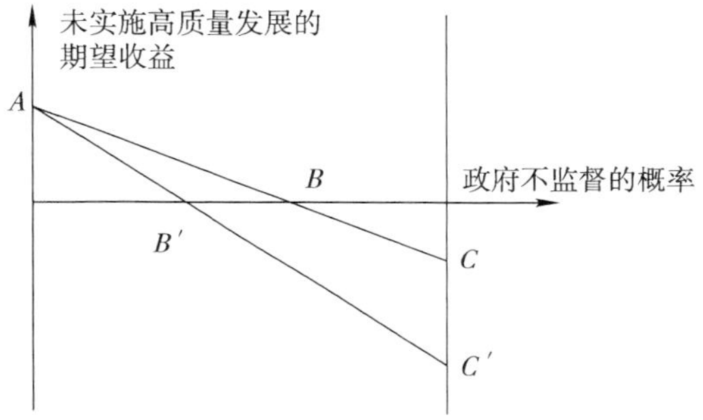

图7–4　引入责任损失的政策效果

第三节　建筑业高质量发展的激励机制

一、激励机制分析

政府构建良好的激励体制的作用在于引导和激励建筑企业根据自身的条件和诉求实施高质量发展的措施。该机制的构建需满足下列前提条件：一是激励与约束相结合。所有相关主体都希望争取更多的利益，以实现个体利益最大化。二是参与约束。遵守合同规定的收益大于违反合同规定的收益。三是委托方选择代理的依据是产生的利益价值是否高于其他契约。建筑业高质量发展过程中政府的主要职责在于监督和管理建筑企业，为建筑企业提供各种政策性优惠，以此激发建筑企业的积极性，推动建筑业高质量发展取得新进展，最终实现行业可持续发展。

基于信息不对称的情况，政府无法完全监管建筑企业的实际活动。企业的行为受到政府政策的影响，即如果在政策上制定了激励条款，对引导建筑企业行为具有较大的正向作用。政策内容中，政府通过风险分担的形式为建筑企业的高质量发展提供政策和经济方面的帮助。

二、最优激励机制的构建分析

1. 模型的相关假设

假设条件一：A表示建筑企业努力程度的聚合体，$a'A$表示其特殊的努力程度。建筑企业努力度越高，其连续变量a就越大。但同时也存在建筑企业和政府无法控制的变量θ（θ受外部不确定因素作用较大，同时θ的均值服从于0，方差δ^2的正态分布）。建筑企业所得的社会功效表示为π，其公式可得：$\pi=\lambda a+\theta$。此处的$\lambda(0<\lambda<1)$代表努力程度对产出变量的作用系数，其影响因素为资金投入、技术能力、扩大规模等。

假设条件二：$s(\pi)=\alpha+\beta\pi$表示政府对建筑企业的政策性优惠，式中的α值代表固定数额，与建筑企业绩效无关，只要该企业实施了高质量发展措施，就能获得政府优惠政策。β值代表建筑企业获得的社会功效的占比，与社会功效

π是正向关系。如果$s(\pi)=0$，表示该建筑企业不承担任何风险；如果$s(\pi)=1$，意味着该建筑企业需承担一切风险。

假设条件三：$C(a)=\frac{ba^2}{2}$ $(b>0)$代表建筑企业的努力成本系数，其努力负效用常体现在货币成本方面。若努力成本一样，建筑企业形成的负效用和b值存在正向关系，同时与企业实施高质量的能力水平成反比。

2. 风险厌恶的最佳激励体系

政府作为监督机构对面临的风险采取中性态度，建筑企业对面临的风险采取厌恶态度，双方的预期效用函数$V-N-M$用$V(\pi-s(\pi))$、$U(s(\pi)-C(a))$表示。以风险中性为前提条件，政府的预期效用与收益相等，即$V(\pi-s(\pi))=-\alpha+(1-\beta)\lambda a$。

本书利用Arrow–Pratt的研究，假设绝对风险的规避度量为ρ，评估建筑企业的风险防御控制能力，可得$\rho=-\frac{u''(w)}{u'(w)}>0$，效用函数$u=e^{-\rho w}$，实际的利润用$w$表示。绝对风险回避度量$\rho$决定着建筑企业的风险偏好类型：当$\rho>0$时，处于风险回避状态；当$\rho=0$时，处于风险中性状态；当$\rho<0$时，处于风险偏好状态。建筑企业的实践活动收入为$w=s(\pi)-C(a)=\alpha+\beta\pi-\frac{ba^2}{2}$，其风险成本表示为$\frac{1}{2}\rho\beta^2\delta^2$，则建筑企业确定的等价收入为$EU(s(\pi)-C(a))=\alpha+\beta\lambda\alpha-\frac{ba^2}{2}-\frac{1}{2}\rho\beta^2\delta^2$。

若建筑企业的最低利润水平为$\bar{w}$，则实施高质量发展措施后从政府获得的补助预期（IR）要大于前者，即$(IR)=\alpha+\beta\lambda a-\frac{ba^2}{2}-\frac{1}{2}\rho\beta^2\delta^2\geqslant\bar{w}$。如果建筑企业成为高质量发展过程中的代理方，那么政府会尽可能使其委托成本达到最低，企业参与管束所得利润（IR）为$\alpha+\beta\lambda a-\frac{ba^2}{2}-\frac{1}{2}\rho\beta^2\delta^2=\bar{w}$。

若建筑企业的激励相容管束（IC）为$\max\left(\alpha+\beta\lambda a-\frac{ba^2}{2}-\frac{1}{2}\rho\beta^2\delta^2\right)$，那么建筑企业是否选择最优努力程度$a$时必定考虑自身利益，因此建筑企业的确定性等价利润函数有$a=\frac{\lambda\beta}{b}$，故激励相容管束（IC）可以表示为$a=\frac{\lambda\beta}{b}$。

将（IR）、（IC）代入目标函数，可以化简为β值下的政府预计收益函数，其最优化形式是：

$$\max\left(\frac{\beta\lambda^2}{b}-\frac{\rho\beta^2\delta^2}{2}-\frac{\beta^2\lambda^2}{2b}-\overline{w}\right) \tag{7-15}$$

根据（7–15）最优化一阶前提条件是：$\beta=\dfrac{\lambda^2}{\lambda^2+b\rho\delta^2}$。

结论一：若$\beta=\dfrac{\lambda^2}{\lambda^2+b\rho\delta^2}<1$，则建筑企业会隐藏部分社会综合功效，意味着建筑企业不负担所有风险。将其代入目标函数化简可得政府预期效用为$EV=\dfrac{\lambda^2}{2b(1+\rho b\delta^2/\lambda^2)}-\overline{w}$。

结论二：如果建筑企业是风险厌恶型，则能力系数λ、努力成本系数b、风险回避程度ρ和外部任意变量的方差δ^2是建筑企业担负风险程度β的决定性因素。如下：

$\dfrac{\partial\beta}{\partial b}=\dfrac{2\lambda b\rho\delta^2}{(\lambda^2+b\rho\delta^2)^2}\geqslant 0$，表示建筑企业承担的风险$\beta$和企业能力系数$\lambda$成正比；

$\dfrac{\partial\beta}{\partial b}=-\dfrac{\lambda^2 b\rho}{(\lambda^2+b\rho\delta^2)^2}\leqslant 0$，表示建筑企业承担的风险$\beta$和努力成本系数$b$成反比；

$\dfrac{\partial\beta}{\partial\rho}=-\dfrac{\lambda^2 b\delta^2}{(\lambda^2+b\rho\delta^2)^2}\leqslant 0$，表示建筑企业承担的风险$\beta$和企业风险回避度$\rho$成反比；

$\dfrac{\partial\beta}{\partial\delta^2}=-\dfrac{\lambda^2 b\rho}{(\lambda^2+b\rho\delta^2)^2}\leqslant 0$，表示建筑企业承担的风险$\beta$和外部任意变量的方差$\delta^2$成反比。

3. 风险中性条件下的最优激励机制

如果以风险承担的态度中性为前提，对于绝对风险回避度量$\rho=0$时，建筑企业可以得到全部社会产出额，并且企业分享的社会综合功效$\beta^*=1$，同时政府预期利润效用为$EV^*=\dfrac{\lambda^2}{2b}-\overline{w}$。当企业可分享的社会综合效用额$\beta=1$以及绝对风险回避度量$\rho=0$时，代入企业参与管束（$IR$）和激励相容管束（$IC$）进行计算，可得以下表达：

$$(IR): \alpha+\lambda a-\frac{ba^2}{2}=\overline{w} \tag{7-16}$$

$$(IC): a=\frac{\lambda}{b} \tag{7-17}$$

由此可得：$\alpha^*=\overline{w}-\frac{\lambda^2}{2b}=-EV$。因为政府的期望收入大于等于0，所以$\alpha^*<0$。

结论三：分析讨论$\alpha^*=\overline{w}-\frac{\lambda^2}{2b}$可得如下结果：

当建筑企业留存收益$\overline{w}$同企业上缴的固定费用（如税金）α^*发生正向变化时，即建筑企业在高质量发展时若获得更多的利润，就会上缴更多费用。若$\frac{\partial\alpha^*}{\partial b}=\frac{\lambda^2}{2b^2}>0$，那么建筑企业的努力成本系数$b$和企业上缴的固定费用$\alpha^*$呈正相关；若$\frac{\partial\alpha^*}{\partial\lambda^2}=-\frac{\lambda^2}{2b}<0$，那么建筑企业能力系数的平方$\lambda^2$和企业上缴的固定费用$\alpha^*$呈反向关系。

4. 其他契约变量对政府监管效用的影响

建筑企业的策略选择取决于政府提供的相关政策，如果政策设置得当，建筑企业的决策将由政府政策决定。政府政策的设计过程是一个“学习”的过程，通过观察新的变量将被发现，从而完善相关政策制度。假设政府观测到了一个新的变量z（与产出具有相关性），且变量z呈均值为0、方差为σ^2的正态分布。新的政策调整为$s(\pi, z)=\alpha+\beta(\pi+rz)$，其中，$r$表示建筑企业实施高质量发展的收入与变量$z$的关系。在建筑企业风险规避情况下，政府的目标实际是选择如下最优化问题：

$$\max EV(\pi-s(\pi, z))=\max[-\alpha+(1-\beta)\lambda a]$$

$$(IR): \alpha+\beta\lambda a-\frac{ba^2}{2}-\frac{1}{2}\rho\beta^2[\delta^2+r^2\sigma^2+2r\operatorname{cov}(\pi,z)]=\overline{w} \tag{7-18}$$

$(IC): a=\frac{\lambda\beta}{b}$解得：$r_z=\frac{\operatorname{cov}(\pi,z)}{\sigma^2}$，$\beta_z=\frac{\lambda^2}{\lambda^2+\rho b[\delta^2-\operatorname{cov}(\pi,z)/\sigma^2]}$。代入目标函数，得出政府的期望效用$EV_z=\frac{\lambda^2}{2b[1+\rho b(\delta^2-\operatorname{cov}^2(\pi,z)/\sigma^2)]}-\overline{w}$。

结论四：当π与z的相关系数$\operatorname{cov}(\pi, z)$不为零时，可知$\beta^*>\beta_z>\beta$，即在政策中

引入新的变量后，建筑企业（风险规避型）实施高质量发展的努力程度将有所改善，但仍将低于风险中性的建筑企业。

结论五：当π与z的相关系数$\mathrm{cov}(\pi, z)$不为零时，可知$EV^{*}>EV_{z}>EV$，政府的预期效用较原来有所提高，但仍低于风险中性的建筑企业。

5. 政府对建筑企业声誉激励的作用

有限次重复博弈理论于1982年被提出并得以广泛应用。建筑企业和政府在高质量发展过程中都会进行多次博弈，故建筑企业必须考虑政府在决策中推动高质量发展的力度。若政府对发展较好的建筑企业给予一些非物质奖励（如公开表彰、称号授予等），会在一定程度上引导建筑企业的决策行为，使企业选择更高的努力水平，以获得市场对建筑企业的信任。

将政府对建筑企业的声誉激励假设转化货币，则政府对企业的声誉有：$t(\pi)=m\pi$，π是指声誉激励程度系数。假设$m=k\beta(k>0)$，则可得政府在进行激励时的函数为：

$$\max EV(\pi-s(\pi, z))=\max[-\alpha+(1-\beta)\lambda a] \tag{7-19}$$

$$(IR):\ \alpha+\beta\lambda a+m\lambda a-\frac{ba^{2}}{2}-\frac{1}{2}\rho\beta^{2}\delta^{2}-\frac{1}{2}\rho m^{2}\delta^{2}=\overline{w} \tag{7-20}$$

$$(IC):\ \alpha=\frac{\lambda(\beta+\mathrm{m})}{b} \tag{7-21}$$

解得：$\beta=\dfrac{\lambda^{2}(k+1)}{(k+1)^{2}+b\rho\delta^{2}(1+k^{2})}$，$m=\dfrac{\lambda^{2}k(k+1)}{(k+1)^{2}+b\rho\delta^{2}(1+k^{2})}$

结论六：$\beta=\dfrac{\lambda^{2}(k+1)}{(k+1)^{2}+b\rho\delta^{2}(1+k^{2})}>0$，$m=\dfrac{\lambda^{2}k(k+1)}{(k+1)^{2}+b\rho\delta^{2}(1+k^{2})}>0$，即在最优的安排中，既需要物质激励，又需要声誉激励。

实践中，部分建筑企业采取高质量发展措施，既可以带来成本节约等经济利益，还可以通过政府的声誉激励获得隐形利润，为企业塑造良好的公众形象，这就是即使高质量的发展给建筑企业带来了短期利润或收益减少，但建筑企业仍愿意实施高质量发展的原因。

因此，在分析建筑企业高质量发展的最优激励机制设计问题基础上，得出以下启示。

基于风险厌恶的前提下，建筑企业会隐藏所得的部分社会综合功效，此时不会承担全部风险。通过影响因素分析可知，建筑企业努力程度对产出影响越大，企业的风险也越大；建筑企业的努力成本越高，风险厌恶程度也会越大，导致外界任意变量的变动越明显，而此时建筑企业承担的风险越小。

基于风险中性的前提下，建筑企业会积极采取高质量发展的措施并承担所有风险，此时政府与建筑企业间的协议方式体现为“承包制”形式，即区域内典型企业实施的高质量发展并支付给政府部分资金作为固定租金。建筑企业留存收益越多，则其努力成本越大，向政府所付固定租金就越高；反之，交予政府的租金就越低。

当政府将新观察到的变量引入政策时，建筑企业的努力程度和政府监管的效用将得到改善，但仍然低于风险中性的情况。因此，政府可以提供优惠政策（税收、价格补贴、保险等）吸引建筑企业采取高质量措施，以促使建筑企业自愿承担高质量建设存在的风险。

通过前述研究还发现，要使建筑企业树立良好的公众形象且能获得市场信任，则需要在最优解的安排下，使物质激励与声誉激励同时并存的效果最为明显。

三、基于政府政策的激励机制分析

从信息经济学角度看，在促进建筑企业高质量发展过程中，政府与建筑企业之间存在着委托代理关系。信息不对称情况在政府与建筑企业之间长期存在，政府不清楚建筑企业在高质量发展过程中的具体行为，建筑企业也不能准确预知政府政策导向。因此，通过政府设计规范的激励机制进行调节，引导建筑业高质量发展。

一是设计有效的激励补贴政策。在信息不对称情况下，政府不清楚建筑企业在高质量发展中的努力程度，需要通过激励政策鼓励其实施高质量发展的措施，尤其对于主动采取高质量发展措施的建筑企业，政府应提供一定的优惠政策。如果建筑企业共享的综合效用份额增加，且其风险最低值达到一定的程度后，政府可以随之减少补贴额度，若相反，则要提高补贴金额。

二是减少建筑企业实施高质量发展措施的风险。由于存在信息不对称的状况，建筑企业承担各种内部和外部风险。若建筑企业承受风险为中性，则达到了帕累托最优状态，建筑企业愿意采取主动措施实现建筑业的高质量发展。同时，若政府不承担任何风险，将所有风险转移给建筑企业，则此时建筑企业失去实施高质量发展的动力；若建筑企业回避了所有风险，难以达到帕累托最优，并且随着建筑企业回避风险，再加上额外风险的增加，政府推行高质量发展会陷入困境。因此，政府制订最佳激励计划时，需尽量降低建筑企业承担高质量发展的风险，同时应考虑到建筑企业的集体利益，明确监管的重点。

三是加强对建筑业高质量发展的激励程度。基于政府与建筑企业间的信息不对称，当政府制定高质量发展政策引导建筑企业的实践活动时，其激励程度表示为风险回避程度、产出不确定性和投入成本系数的递减函数，是产出系数的递增函数。故建筑业高质量发展可以给建筑企业带来更好的产出效益（环境效益和经济效益），政府应该给予更多的奖励，缩短对建筑企业高质量实施情况的核查时间间隔，以降低信息不对称造成的风险。建筑企业的风险回避程度与企业管理者偏好、竞争能力和资产规模有关系，政府需从典型建筑企业开始，促进其实施高质量发展。

四、基于技术创新的激励机制分析

建筑业的高质量发展，创新技术是关键。随着技术能力的进步，实现产品品质提升，成本节约，以及收益提高。技术创新方法有以下3种：①补给激励。实践上，政府可以建立相应建筑技术研发中心、技术信息传播中心、技术转移组织等，为技术发展制定统一标准和规范，并为研究机构提供经济支持，增强创新意识，促进建筑技术的提升。②结构激励。要促进建筑技术创新，形成有效的激励机制，需要利用法律制度、行业规定等方法调整市场失灵。③环境激励。对于产业政策、经济政策、教育政策等宏观政策的制定，构建技术创新良好的外部环境并形成建筑技术创新环境激励措施。

新制度背景下经济学家认为，技术创新取决于规范制度的创新，合理恰当的制度才可以鼓励技术创新的发展。制度有效性与制度的完善性及执行力有关，故政府需构建对应的制度体系引导建筑技术创新，并向社会大众进行推广。第一，通过采用行政或经济的方式，使建筑企业积极投身于高质量发展技术创新的研究；第二，选择资源保护、环保技术研发项目，依靠建筑企业、高校等科研单位或部门进行研究，将成果以公共物品的形式向社会推广。高质量建筑的发展易分散且其分散形式具有独特性，故在建立技术创新分散产业链的进程中，技术分散“竞争博弈”不是产业链下建筑企业利益协调机理的主要方式，而产业间的“共生博弈”才是关键。通过对技术创新的推广促进产业高质量发展，实现产业生态共生共荣，达到节约资源和保护环境的目的。

第八章
四川省建筑业高质量发展的动力理论模型

第一节　四川省建筑业高质量发展动力因素及模式

一、四川省建筑业高质量发展动力因素分析

本书根据建筑业高质量发展动力分析的目的，从近几年相关文献中分析影响建筑业发展的动力因素，为四川省建筑业高质量发展动力理论模型的研究奠定基础。为了保证研究的系统性和完整性，本书对建筑业发展的动力因素进行讨论。目前，国内部分学者对中国建筑业发展的动力因素进行了阐释和归纳，但由于研究角度的差异，提取的动力因素也有所不同。本书通过文献分析法研究建筑业发展动力因素。在中国知网（CNKI）等电子数据库上以“建筑业动力”“建筑政策影响因素”“建筑业企业影响因素”“建筑行业影响因素”和“建筑业市场影响因素”为关键词进行文献资料搜索，为了保证结果的时效性，选取2014年以后以及具有较高引用频次的文章共28篇；从28篇文献中提取建筑业动力影响因素，如表8–1所示。

表8–1　影响建筑业发展的动力因素

关键词	研究者	动力因素
建筑业动力	李里丁（2018）	1. 体制改革 2. 科技发展 3. 工人结构
	薛学轩（2019）	1. 科技竞争力 2. 绿色竞争力 3. 人才竞争力 4. 结构竞争力
建筑政策影响因素	杨守昆（2014）	1. 建筑经济效益 2. 强制性政策完善程度 3. 激励性政策完善程度 4. 技术研发水平 5. 政绩考核力度 6. 政府监督管理水平 7. 专业人才培训
	李洪砚（2014）	1. 政府目标责任考核 2. 经济激励 3. 研发投入
	刘晓君（2019）	1. 强制性标准 2. 政府奖惩制度 3. 市场环境

续表

关键词	研究者	动力因素
建筑行业影响因素	贾芳（2016）	1. 建筑业总产值 2. 建筑业增加值 3. 消费水平 4. 固定资产投资 5. 从业人数
	杨中宣（2016）	1. 建筑业增加值 2. 地区生产总值 3. 全社会固定资产投资
	杨德钦（2017）	1. 规模水平 2. 技术与装备水平 3. 效率与效益水平
	段宗志（2017）	1. 国内生产总值 2. 固定资产投资 3. 从业人员数量 4. 技术装备率 5. 劳动生产率
	张綦斌（2018）	1. 政府支持与监管 2. 法律、法规完善度 3. 市场需求程度 4. 经济发展水平 5. 专业人才队伍技术水平
建筑业企业影响因素	李颖（2014）	1. 建筑业企业总资产 2. 建筑业企业个数 3. 建筑业企业从业人员数 4. 技术装备率
	胥瑶（2016）	1. 经济效益 2. 技术装备水平 3. 企业情况 4. 资源环境
	张健（2016）	1. 产值利润率 2. 企业组织结构 3. 资本结构 4. 劳动生产率 5. 技术装备情况
	梁飞银（2017）	1. 从业人员 2. 企业利润
	王晓伟（2017）	1. 市场运营 2. 技术创新 3. 人力资源管理 4. 企业文化 5. 工程管理 6. 生产能力 7. 财务状况
	王媛媛（2019）	1. 激励制度 2. 员工培训
建筑业市场影响因素	荣磊（2014）	1. 人均生产总值 2. 城镇人口比重 3. 居民消费水平 4. 建筑业总产值
	高婷婷（2014）	1. 建筑业总产值 2. 资本投入 3. 劳动投入
	王峰（2014）	1. 生产要素 2. 建筑业总产值 3. 企业利润 4. 市场竞争力
	谭丹（2015）	1. 劳动投入 2. 资本投入 3. 建筑业增加值 4. 经济环境 5. 建筑业科技能力 6. 建筑业市场结构
	张小博（2015）	1. 产业发达程度 2. 资本配置 3. 科技水平 4. 市场化水平
	窦智（2016）	1. 产业组织结构 2. 生产要素 3. 需求条件 4. 企业战略和结构 5. 政府行为
	常燕（2016）	1. 市场结构 2. 企业行为 3. 市场绩效
	赵云名（2016）	1. 金融发展水平 2. 劳动力专业素质 3. 政府技术支持 4. 政府财政支持
	辛同（2017）	1. 劳动力素质 2. 资本投入 3. 施工技术水平 4. 规模效率 5. 企业管理效率 6. 产业结构
	李清秀（2017）	1. 科技投入 2. 管理水平及运营模式 3. 产业发达程度
	陈丹（2018）	1. 规模水平 2. 技术与装备水平 3. 效率与效益水平
	韩雨（2019）	1. 创新投入强度 2. 创新产出 3. 政府支持力度 4. 企业规模 5. 资本结构 6. 劳动力素质

由于研究角度的差异，上述因素在内容上存在交叉情况，将具有相同和相似含义的因素归并到同一类别。其中，体制改革解释为制度体系；绿色竞争力、结构竞争力、技术与装备水平、企业情况、企业组织结构和资本结构等因素可以归类到企业发展大类中；人才竞争力、专业人才培训、劳动力专业素质、从业人数、员工培训和专业人才队伍技术水平等均可以归纳为专业人才大类；建筑经济效益、建筑业总产值、规模水平、效率与效益水平、经济发展水平、劳动生产率和产业结构等归类为行业发展大类；消费水平、需求条件、居民消费水平归类为消费者意愿大类；强制性政策完善程度、激励性政策完善程度、政绩考核力度、政府监督管理水平、政府目标责任考核、强制性标准和法律、法规完善度等属于政策管理范畴；市场规范包括市场环境、市场需求程度、资源环境、市场运营和劳动投入生产要素、市场化水平、市场结构等动力因素；科技发展、科技竞争力、研发投入、技术创新、施工技术水平和创新产出等归属于科技发展范畴；固定资产投资、全社会固定资产投资归为经济投入大类。

经过二次分类归纳后得到9个因素，对上述因素的来源进行整理合并，得到建筑业高质量发展动力因素如表8-2所示。

表8-2　分类后的建筑业高质量发展动力因素

作者	制度体系	企业发展	专业人才	行业发展	消费者意愿	政策管理	市场规范	科技发展	经济投入
李里丁（2018）	√		√					√	
薛学轩（2019）		√	√					√	
杨守昆（2014）			√	√		√		√	
李洪砚（2014）						√		√	
刘晓君（2019）						√	√		
贾芳（2016）			√	√	√				√
杨中宣（2016）				√					√
杨德钦（2017）		√		√					
段宗志（2017）		√	√	√					√
张綦斌（2018）			√	√		√	√		
李颖（2014）		√	√						

续表

作者	制度体系	企业发展	专业人才	行业发展	消费者意愿	政策管理	市场规范	科技发展	经济投入
胥瑶（2016）		√		√			√		
张健（2016）		√		√			√		
梁飞银（2017）		√	√						
王晓伟（2017）		√	√				√	√	
王媛媛（2019）			√			√			
荣磊（2014）				√	√				
高婷婷（2014）				√			√		
王峰（2014）		√		√			√		
谭丹（2015）			√	√			√	√	
张小傅（2015）				√			√	√	
窦智（2016）		√		√	√	√	√		
常燕（2016）		√					√		
赵云名（2016）			√	√		√			
辛同（2017）		√	√	√			√	√	
李清秀（2017）		√		√				√	
陈丹（2018）		√		√					
韩雨（2019）		√	√			√	√	√	

统计各个因素出现的频次，按照由大到小的顺序进行排列，得到表8-3。

表8-3　各动力因素出现频次统计

因素（次数）			
行业发展（18）	企业发展（15）	专业人才（14）	市场规范（13）
科技发展（10）	政策管理（8）	经济投入（3）	消费者意愿（3）
制度体系（1）			

从各因素出现频次可知，能代表建筑业高质量发展的动力因素较多集中在市场规范、行业发展、专业人才、企业发展等因素，政策管理、科技发展被考虑的频率次之，消费者意愿、经济投入和制度体系三项因素几乎不被考虑为建筑业高质量发展动力。

二、建筑业高质量发展动力模式分析

基于对高质量以及建筑业发展关系的认识和理解，得到建筑业高质量发展动力模式，如图8-1所示。

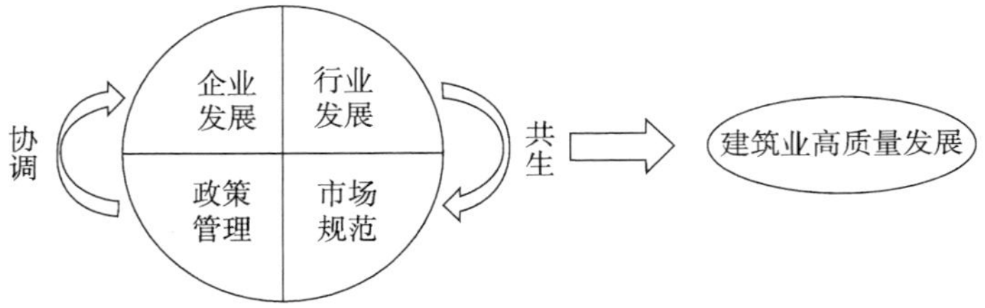

图8-1　建筑业高质量发展动力模式图

图8-1中，企业发展、行业发展、政策管理和市场规范直接作用于建筑业高质量发展，四个因素相互影响、相互推动、协调共存形成直接动力。直接动力通常不借助其他因素就能对建筑业高质量发展产生影响，能够促进行业经济、社会、环境等多方面的正向发展，使资源要素在合理范围内高效流动以达到最优配置，推动建筑行业转型升级，提升建筑业发展水平，最终实现建筑业高质量发展。

建筑业在发展初期主要以发展速度、从业人员数量为导向。建筑业的建造水平偏向专业化和技能化，并且在社会中出现更加独立的任务分工，行业一体化趋势不明显，专业人才综合能力和技术创新意识较为薄弱，相关政策法规尚不完善，建筑市场处于相对不规范的状态，建筑业发展的直接动力作用不明显。在建筑业发展成熟期，虽然建筑业规模不断扩张，但是其增长速度在逐渐变缓，直接动力的作用在建筑业规模上开始得以体现。近年来，随着社会分工的日益明确，建筑业出现慢速发展状态，但产业融合不断增强，行业向可持续方向发展。注重对自然环境的保护，加强对人才综合素质的教育培养，加大政策体系对建筑业的扶持帮助，提高政府部门对建筑市场的监督规范，提高行业的技术创新意识和水平，直接动力的作用效果开始呈现，建筑业开始转向高质量发展阶段。

根据我国近年来对建筑业高质量发展动力的相关研究可知，大多数学者更注重行业、人才、市场和技术等动力因素，而对政策、消费者、投入要素等因素涉及较少。这说明在目前对建筑业发展的研究中，对政策制度和需求情况重视程度不足，因此需要分析建筑业高质量发展中相关动力因素的作用。

建筑业高质量发展动力模式是将建筑业本质与四种动力因素归并到动力机制中，即将行业发展、企业发展、政策管理和市场规范作为高质量发展的直接动力，且四个动力因素之间存在着对应的作用关系，反映出建筑业高质量发展动力机制的系统特征。本章以四个动力因素为基础，展开建筑业高质量发展理论模型研究，这对重新思考我国建筑业发展中各动力因素的重要性，具有一定的参考意义。

因为四个动力因素类型属于较为抽象的范畴，所以需要对其进行二次分解，确定各自内含的子目影响因素，建立相应的评价指标体系，以便对建筑业高质量发展的动力机制进行定性和定量分析。

第二节　四川省建筑业高质量动力机制评价体系构建

一、四川省建筑业高质量发展动力因素识别

通过上一节的归纳整理，共得到9个建筑业发展的动力因素，再结合对高质量含义的界定，对这些因素进行再次优化。因为其包含范围较广，且部分因素间含意相近、相关或交叉，所以可在一定程度上对各因素再次进行识别、合并，形成最终的“高质量”动力因素。

根据表8–3的统计结果，企业发展因素在15篇文献资料中被提及，其包含组织结构、企业利润、企业行为、企业文化等代表建筑企业具体情况的内容，企业发展水平意味着建筑业是否有条件、有能力实现高质量发展。市场规范作为建筑业高质量发展的重要组成部分，反映建筑市场中供给与需求之间的关系，以及在市场经济作用下生产要素的自由流动和资源配置。虽然市场主导着企业和行业的发展意向，但作用结果具有一定的滞后性，因此需要借助行政手段进行规范，使行业保持良好的竞争秩序。依据统计结果，政策管理因素统计次数较高，表明研究者多次将政府管理因素作为建筑业高质量发展

的重要动力，该因素内容大多源于国家和政府颁布的法律、规范、条例等文件，或是政府对于建筑业实施的某些干预措施。政府相关部门对建筑业高质量的发展进行干预或积极引导，体现了政策的影响力，因此将制度体系并入政府管理之中。

建筑行业作为国民经济支柱产业，所产生的经济效益是经济发展中的重要组成部分。建筑业的发展是衔接企业和市场的重要环节，行业发展状况必定影响着各企业的经济利益，同时也与建筑市场的完善度紧密相关。科技发展是技术创新体系的重要内容，科技发展作为减少成本和提高资源使用率、增加收益、保护环境、提高劳动效率的必要途径。随着技术水平的提升，科技发展推动建筑行业高质量向前发展，故科技发展属于行业发展范畴。

建筑业对专业人才需求日益提高，需要通过提升从业人员专业素养以适应行业发展需求。企业拥有的人力资源状况是其发展运营的基础，人才素质的培养是推动企业发展的重要动力，故将专业人才并入企业发展范畴。

国家、政府或者投资者对建筑业的资本投入和经济激励很大程度上推动了建筑业高质量发展。例如，增加固定资产投资、提高国家科研经费和政府财政补助等资金的比例可以从生产要素方面推动建筑业高质量发展，因此可将经济投入归类到市场规范中。

建筑业创造利润和提高经济增长的能力有目共睹，能否更快地推进建筑业高质量发展，消费者的需求是一个关键因素。建筑市场的供需平衡可以提高企业采取高质量措施的主动性和行业效益，故将消费者意愿归入市场规范中。

综上所述，根据高质量的内涵和各因素的统计数据，对动力因素重新归类后的结果见表8-4。

表8-4　动力因素归类整理结果

序号	归类后的动力因素	并入因素
1	企业发展	专业人才
2	市场规范	经济投入、消费者意愿
3	政策管理	制度体系
4	行业发展	科技发展

二、四川省建筑业高质量发展动力因素分析

为分析各个动力因素对建筑业高质量发展的作用机理，因此需要构建动力机制模型。此部分内容结合四川省建筑业发展的具体情况和现状，对政策管理、企业发展、行业发展、市场规范四种动力因素做进一步的分析。

1. 政策管理

政策管理在建筑行业中的行为具体表现为制定相关法律法规、产业引导政策及其制度规范。法律法规是指与建筑相关的国家或地方的强制性法律文件。产业引导政策及制度规范包括产业内部的结构政策、资源配置政策、组织政策以及技术政策，具有一定的综合性质。具体到建筑业时，可以将产业政策推行到行业内部各领域，有针对性地进行管理。例如，技术进步与节能减排、企业监管和奖惩制度、从业人员管理与培训、工程质量与安全作业等方面。

市场主导下的建筑业依然会存在诸多问题，需要政府运用宏观手段进行调控。首先，政府通过建立公平的市场竞争机制促进高质量发展，实施有效的市场监管调节主体行为；其次，政府通过完善相关法律体系促进建筑业不断提高自我管理能力。

2. 企业发展

我国的建筑市场构架体系为：以具备建设总承包实力、技术水平较高的龙头企业为顶层，以具有专业承包能力的中小型企业为依托，以进行劳务分包的小型企业为基础。建筑市场中位于顶端的企业面对的市场竞争压力相对松缓，综合能力越低的企业面临的竞争压力越大。要形成稳定合理、快速发展的建筑产业集群，需要进行企业重组和升级，对构架体系进行优化。首先，推动大型建筑企业不断提升自我竞争实力；其次，引导和扶持小而精的中小型企业向前发展。两者之间形成合作互补关系，专业分包单位离不开总承包企业的引领，而总承包企业又能通过分包单位提高其综合能力，从而达到共融共生的理想状态。

对于建筑企业之间的竞争，软实力至关重要却又常常被忽视，因此增强企业软实力可以有效地提高其发展速度。与其他行业中企业的软实力相比，建筑

企业软实力不但具有共性，在行业管理、组织体系等方面还具有独特的内涵和特点，具体表现在企业的资源集成能力、文化力量、管理能力、创新实力和社会影响程度五个方面。随着我国市场经济体制的逐渐完善和对外开放领域的不断扩大，国内建筑企业应更充分地融入国际舞台并参与国际市场竞争。

因此，建筑企业应进一步加强资源的配置和利用，强化企业管理能力，完善企业风险应对机制，提高企业的运营管理能力；加强对企业的管理控制，完善整体战略和资源管理机制；增加资本使用途径，完成兼并、收购和重组，提高企业的应对能力。此外，充分利用信息化建设，实现组织管理形式的升级和效益的提升。

3. 行业发展

建筑行业的发展主要体现在行业的转型升级、高度融合和可持续发展三个方面。

新常态下建筑业应开展供给侧结构性改革，降低资源能源消耗、减少质量安全事故、提升建设工程质量水平。实施创新驱动发展战略是促进我国建筑行业转型升级的需要，是支撑消费升级的需要，是增强国家竞争力的需要。实现建筑业高质量创新发展，就要在创新引领、绿色低碳、人力资本服务等领域培育新的增长点，进而形成新动能。

建筑业中的市场主体包括设计单位、勘察单位、施工单位、监理单位、咨询单位等多种专业化组织机构，分别承担不同的项目分工。繁杂的分工易导致效率低下、资源浪费、进度延后等问题，此时加强建筑业市场主体的一体化融合，运用先进的管理理念，创新管理模式，使建筑企业不仅在市场竞争中占有一席之地，还在生产过程中节约了社会资源和成本。

建筑行业是国家经济主导产业，对社会经济发展做出了重大贡献，同时也产生了如环境污染、资源浪费、粗放型增长等问题。因此从宏观角度，以可持续发展和全生命周期理念为基础，从优化环境、经济和社会三大效益的角度提高建筑业科技创新能力，转变落后生产方式，降低资源消耗，做到经济效益和生态效益同步提升。

4. 市场规范

建筑市场不断规范化，为行业发展创造了一个良好的市场环境。建筑市场能否高效运转的关键在于建筑产品的供需状态，即消费者需求和产品供给能否互相满足。消费者需求程度与居民人均可支配收入相关，而产品供给能力又受到市场需求、资金投入的影响。因此，市场供需作为企业发展的导向力量，是市场规范中的重要部分，在建筑业高质量发展过程中通过市场规范形成的建筑产品不仅可以实现消费者的购买愿望，还可以保证企业获得可观收益。

与政府的宏观指导不同，建筑市场在企业经营管理和战略决策中起着决定性作用。市场供求需要遵守“商品供不应求时，价格上升，需求下降，从而达到暂时的平衡”的规则。由于建筑产品的供求变化会引起价格的变化，因此通过市场规范行为会促使主体自动调节劳动力、资金、资源等生产要素的流动，使其分配到相应的产业部门。市场的规范性有利于资源配置和企业经营，有利于加强企业和市场的联系，促进合理竞争。

三、四川省建筑业高质量发展动力机制评价指标体系初步构建

企业管理、政策管理、行业发展和市场规范四个动力因素均属于潜在变量，难以直观得出结论。结合四川省建筑业的行业特点，在理解“高质量”发展本质和动力模型的前提下，建立相应的评价指标体系分析四个动力因素产生的影响，进而确定四川省建筑业高质量发展的主要驱动因素。建筑业高质量发展动力机制评价指标体系的设置应基于以下原则。

1. 系统完整性原则

评价指标体系应具有完整性，应包含高质量发展的各项影响因素，最终形成一个较为完整的动力评价系统。

2. 等级性与针对性原则

通过对评价系统中各因素的内在作用和逻辑规律分析，确定评价指标体系的等级。另外，设置的评价指标必须具有针对性，各级指标应展现四个动力因素包含的重要内容，从而合理地体现出建筑业高质量的发展动态。

3. 可比性与数据可获性原则

指标设置应具有可比性并且能够量化，所得指标数据应容易收集。

4. 动态与静态相结合原则

在构建指标体系时，不仅要有反映特定时间建筑业高质量发展现状的静

态指标，还要有反映未来发展水平的动态指标，以便借助指标进一步分析建筑业高质量发展的演变规律。

5. 定性与定量相结合原则

选择评价指标，应采取定性与定量相结合的方式。建筑业高质量发展中存在部分难以量化且又重要的因素，该类指标体系以定性方式体现。对定性指标通过一定的方式量化，以便在分析过程中进行横向比较。

通过归纳整理源于CNKI、SCI、EI、ASCE 等相关文献资料，构建四川省建筑业高质量发展动力机制评价指标体系。首先，通过相关文献提炼较为成熟的指标；其次，根据评价目的和功能依次划分提取指标。初步拟定出与4个动力因素对应的32个指标，如表8–5至表8–8所示。

表8–5　企业管理动力因素下的指标体系

动力因素	评价指标	指标说明
企业管理	组织模式完善度	建筑企业为提高效率、利润与竞争力选择的不同企业组织形式的完善程度
	多元化经营水平	建筑企业经营方式的多样化
	客户需求满意度	客户期望值与客户体验的匹配程度
	劳动生产率	建筑业总产值与建筑业劳动生产率的平均人数之比
	自有固定资产原价	固定资产的原始投资额和规模
	自有机械设备台数	固定资产的生产性机械设备年末总台数
	建筑业从业人员数	从事建筑行业的劳动力人数
	专业技术管理人员占比	专业技术人员与建筑业劳动力人数之比
	高校建筑业毕业人数	建筑行业中高校毕业的就业人员数

表8–6　政策管理动力因素下的指标体系

动力因素	评价指标	指标说明
政策管理	建筑业投入增长率	反映国家预算内资金对建筑业投入的每年增长速度
	责任考核制度	针对政府责任考核制度的完善程度
	质量等级量化制度	将工程质量等级进行明确界定的完善程度
	法律法规完善度	对建筑业相关法律体系完善程度
	企业奖惩规范程度	规范公司各项奖罚激励措施完善程度
	政府质量监督程度	针对工程质量的监督力度

表8-7　行业发展动力因素下的指标体系

动力因素	评价指标	指标说明
行业发展	行业发展可持续水平	既满足当前需要又考虑未来发展的能力水平
	建筑业工业化水平	以工业化的方式重新组织建筑业的能力水平
	建筑业科技创新能力	建筑业发展的核心动力
	绿色建筑普及程度	绿色建筑在市场上的普及度
	建筑企业产值增长量	建筑业总产值每年增长速度
	建筑业产值利润率	建筑业利润总额与总产值之比
	建筑业增加值	生产要素在生产过程中应得的收入份额计算
	建筑业技术装备率	年末建筑企业自有机械设备净值与年末全部职工或全部工人人数的比值
	建筑业动力装备	年末建筑企业自有机械设备总功率与年末全部职工或全部工人人数的比值
	建筑业能源消耗总量	建筑材料制造、建筑施工，一直到建筑使用的全过程能耗
	建筑业负债合计	建筑企业所承担的能以资产或劳务偿还的债务
	投产项目数	一定时期内全部建成且投入生产的项目个数

表8-8　市场规范动力因素下的指标体系

动力因素	评价指标	指标说明
市场规范	建筑价格市场接受度	建筑物投放到市场上消费者接受程度
	相关管理部门数量	建筑行业相关部门数量
	行业协会发展程度	建筑行业协会的建设发展水平
	市场监管力度	建筑行业市场监督管理
	市场竞争能力	建筑企业在市场中的竞争能力大小

四、四川省建筑业高质量发展动力机制评价指标体系选择及分析

1. 建筑业高质量发展动力机制评价指标体系选择

最终，指标体系的建立需要在初始指标基础上不断地修正和优化，对表8-5至表8-8中4个动力因素下的32个评价指标，用专家咨询法对其进行优化。其主要目的在于：第一，检测指标体系是否覆盖四川省建筑业高质量发展动力机制评价目标的主要方面；第二，检测指标能否通过直接或间接的方式对四川省建筑业高质量发展动力机制进行有效评价，且指标评价的内容是否存

在相互交叉的现象；第三，检测平级指标之间是否相对独立。其详细步骤为：首先，专家分别在初始评价指标表中勾选和添加；其次，综合专家的结论对32个指标进行分类和修正。

在指标体系的修正和优化过程中，被调查的专家来自研究机构、政府管理部门和企业管理层，选择适当的访谈方式并将时间控制在10分钟以内填写相关问卷，问卷详见附录D。通过对专家调查原始数据进行汇总得到4个动力因素下的指标统计结果如表8-9所示。

表8-9　建筑业高质量发展动力机制评价指标专家筛选表

序号	指标名称	选择数量	序号	指标名称	选择数量
1	组织模式完善度	17	17	建筑业工业化水平	18
2	多元化经营水平	15	18	建筑业科技创新能力	17
3	客户需求满意度	16	19	绿色建筑普及程度	18
4	劳动生产率	15	20	建筑企业产值增长量	20
5	自有固定资产原价	建议删除	21	建筑业产值利润率	19
6	自有机械设备台数	建议删除	22	建筑业增加值	与“20”合并
7	建筑业从业人员数	建议删除	23	建筑业技术装备率	与“18”合并
8	专业技术管理人员占比	建议删除	24	建筑业动力装备	与“18”合并
9	高校建筑业毕业人数	建议删除	25	建筑业能源消耗总量	建议删除
10	建筑业投入增长率	16	26	建筑业负债合计	建议删除
11	责任考核制度	19	27	投产项目数	建议删除
12	质量等级量化制度	18	28	建筑价格市场接受度	建议删除
13	法律法规完善度	20	29	相关管理部门数量	建议删除
14	企业奖惩规范程度	20	30	行业协会发展程度	16
15	政府质量监督程度	18	31	市场监管力度	17
16	行业发展可持续水平	19	32	市场竞争能力	19

（1）对于“企业管理”动力因素下的“建筑业从业人员数、自有固定资产原价、自有机械设备台数、专业技术管理人员占比、高校建筑业毕业人数”指标所含内容范围较大，不能准确地描述评价对象的特性。故根据专家调查结果，删除此指标。

（2）对于“行业发展”动力因素下的“建筑业增加值”，其性质和反映的内容与“建筑业产值增长量”有交叉，故将“建筑业增加值”指标归入“建筑业产值增长量”中，且“建筑业技术装备率、建筑业动力装备”与“建筑业科技创新能力”指标含义相近，故将这两个指标与“建筑业科技创新能力”合并。“建筑业能源消耗总量”指标数据欠缺，“建筑业负债合计、投产项目数”指标含义涵盖范围较广，不能较好地反映建筑业高质量发展，故根据专家调查结果，删除这些指标。

（3）对于“市场规范”动力因素下的指标，“建筑价格市场接受度、相关管理部门数量”不能明确反映建筑业高质量发展，故根据专家调查结果，删除这两个指标。

对于其他动力因素相关评价指标，依据表8-9统计调查结果，进行重新归纳整理后，最终形成19个指标，如表8-10所示。

表8-10　修正后的建筑业高质量发展动力机制评价指标体系

动力因素	评价指标
企业管理	组织模式完善度
	多元化经营水平
	客户需求满意度
	劳动生产率
政策管理	建筑业投入增长率
	责任考核制度
	工程质量等级量化制度
	法律法规完善度
	企业奖惩规范程度
	政府质量监督程度
行业发展	行业发展可持续水平
	建筑业工业化水平
	建筑业科技创新能力
	绿色建筑普及程度
	建筑企业产值增长量
	建筑业产值利润率
市场规范	行业协会发展程度
	市场监管力度
	市场竞争能力

2. 建筑业高质量动力机制评价指标特性分析

（1）系统性及层次性。由动力因素和其相对应的下级指标组成指标体系，涵盖了四川省建筑业高质量动力机制评价的各个方面，具有显著的梯阶层次结构，同层指标层间不存在直接关系，仅反映评价对象的本质。

（2）简练性和独立性。该评价体系统计优化后包含19个指标，能够全面评价建筑业高质量动力机制。从评价体系的数量角度看，从属于同一指标下平级指标的数量为3～6个，且各指标间相互独立并无关联。

（3）定量指标与定性指标相结合。优化后的指标评价体系可细分为定性和定量两大类指标。对于定量指标，可直接利用数量结果进行评判，如建筑业企业劳动生产率、国家预算内资金对建筑业投入增长率、建筑企业产值增长量、建筑业产值利润率等；对于定性指标，因具有一定的主观性，分析人员必须结合评价对象实际状况，对指标进行定性的描述，如建筑企业组织模式完善度、建筑业企业多元化经营水平等。定量指标评价工作既要以科学计算为基础，又要用系统的理论知识加以支持，而定性指标要求评价者发挥主观能动性形成对项目的客观认识。

第三节　基于SD分析的四川省建筑业高质量发展动力机制初始理论模型构建

一、系统动力学的应用

20世纪60年代，由Forrester创立的系统动力学（System Dynamics，SD）是解决系统问题的核心理论。该理论认为系统中的事物一般存在因果关系，且因果关系和系统结构通常是系统的核心所在。动态结构和反馈机制决定了系统的行为模式和特征，并在内外动力和制约因素的作用下按一定的规律发展演化。系统动力学定义了研究系统的运行、组织边界和信息的传递过程。在系统论观点的基础上，利用因果反馈关系描述系统的动态复杂性，最后构建对应的定量模型。

系统动力学定义中的系统通常由互相影响的部分有机地组合在一起，并向着同一个目标努力。若要表述系统的组成结构，必须先找寻系统中各部分间的关系链接，再构建对应的因果关系图（CLD）。例如，图8–2所示为因果关系，箭头指向结果变量，箭尾指向原因变量，箭线表示因果关系，原因变量与结果变量呈正相关，用“+”号标注，若两者呈负相关，用“–”号标注。

图8–2　因果图基本形式

系统动力学理论中主要包含以下线段式因果关系和反馈式因果关系两种因果逻辑关系，如图8–3和图8–4所示。

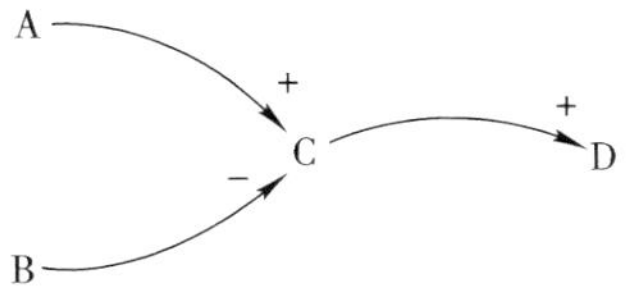

图8–3　线段式因果关系

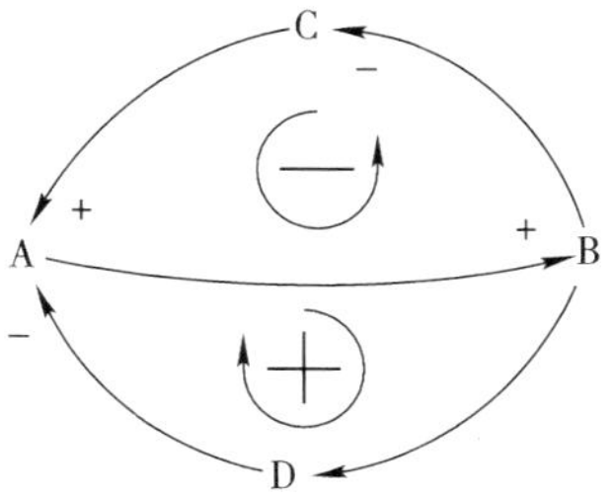

图8–4　反馈式因果关系

在反馈回路中，通常分为正反馈和负反馈回路。对于正反馈回路，如果循环中没有或存在偶数个的负因果链时，图8–4中所示的回路则为$A \to B \to D \to A$，整体增强了原始趋势；而负反馈回路的循环中，通常包含奇数个负因果链，如图8–4中所示的回路$A \to B \to C \to A$，该回路有利于缩小系统状态同目标状态所存在的差值，具有一定的维稳性。

本书利用系统动力学原理，结合对建筑业高质量的理解，研究各个动力因素与建筑业高质量发展间的相互作用关系，并归纳其影响机理，通过清晰的因果变量关系链展现复杂的作用路径。

二、四川省建筑业高质量发展动力因素影响路径分析

1. 政策管理因素的影响路径分析

通过政策管理能够增加人才流动的变动动率，提高建筑行业收益以及进一步完善管理制度。通过政策管理引导人才流动，吸引更多人才向建筑业聚集，提升人才素质，提高技术创新能力，最终推动行业发展；通过政策管理提高行业收益对增强经济发展韧性具有促进作用；通过促进企业发展和增加科技投资推动技术创新和提高资源利用率，提升行业发展可持续性，带动行业发展。在政策影响下，通过对企业合理的奖惩制度，对其工作进行监督约束，提高建筑企业实施高质量发展的积极性。因此，加强政策管理力度，转变政府职能，加大市场监管力度，规范市场管理，从多个角度推动企业发展、行业发展、市场规范和建筑业高质量的发展。政策管理对建筑业高质量发展及其他动力因素的作用路径如图8-5所示。

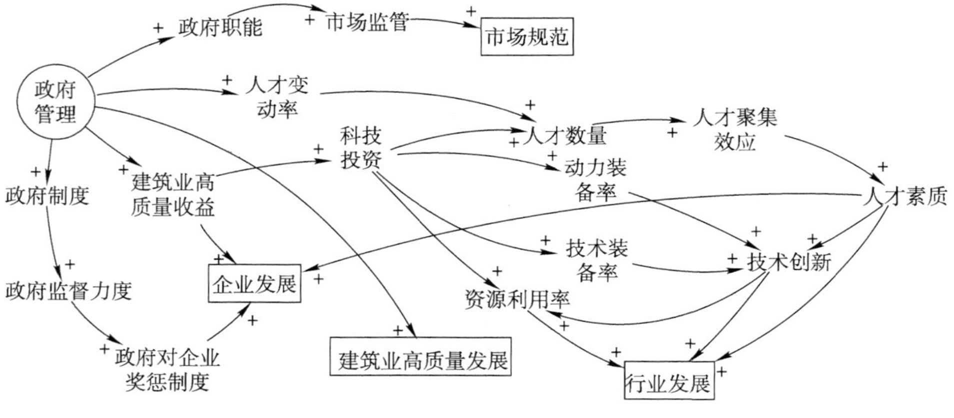

图8-5　政策管理对建筑业高质量发展及其他动力因素的作用路径

2. 行业发展因素的影响路径分析

行业发展能够提升建筑业增加值，通过GDP的增加带动经济增长，推动行业可持续性和社会需求发展。供需比变化促使市场规范力度加强并通过价格变化带来收益，为企业发展提供了保障。建筑业高质量发展带来的收益能够增加科技资金的投入，对技术创新和科技发展起到较好的推动作用，从而吸引大量人才聚集，产生聚集性效应。因此，行业发展直接或间接地推动了

企业发展、市场规范和建筑业高质量的发展。行业发展对建筑业高质量发展和其他动力因素的影响路径如图8-6所示。

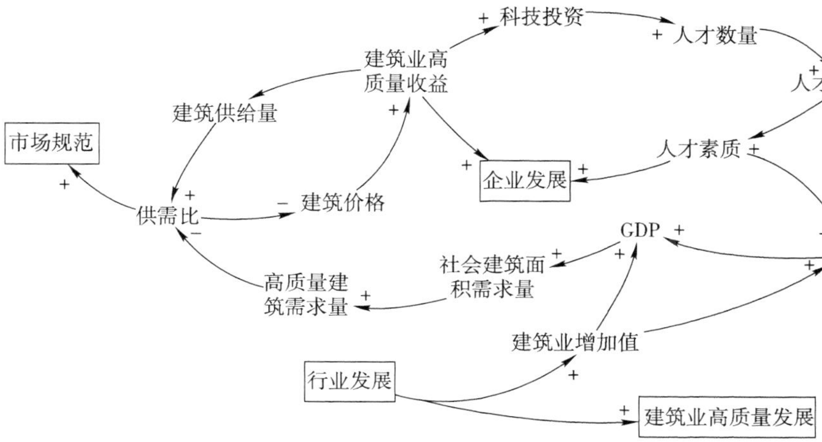

图8-6　行业发展对建筑业高质量发展及其他动力因素的影响路径

3. 企业发展因素的影响路径分析

建筑企业的发展能够提升工程质量，影响消费者的需求意愿，进而提高建筑业的收益。通过建筑业高质量发展形成的收益使科技投资额增加，不仅产生人才聚集效应，也推动了技术创新，提高资源利用率。因此，企业发展可以从多个方面推动行业发展和市场规范。企业发展的影响路径如图8-7所示。

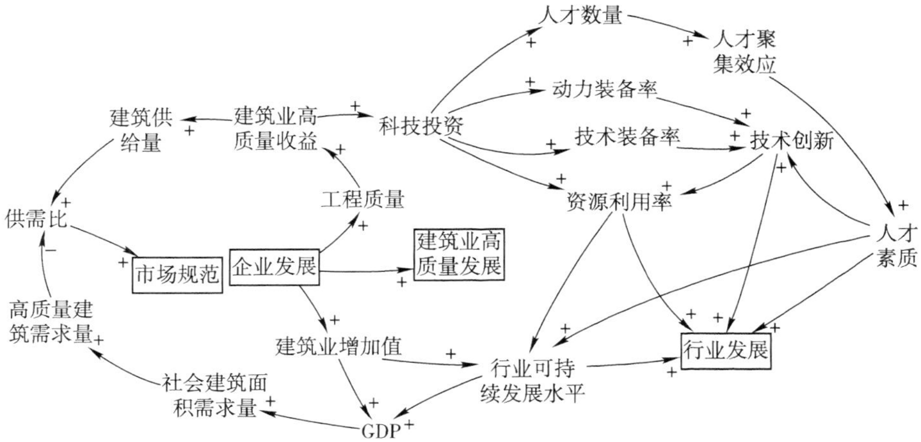

图8-7　企业发展对建筑业高质量发展及其他动力因素的影响路径

4. 市场规范因素的影响路径分析

建筑市场的规范化，能够形成良好的竞争环境，打破行业垄断，推动建筑业高质量发展。良好的市场竞争环境能够提高建筑业水平，促进企业发展和在科技方面的投资，从而形成人才聚集效应，并作用于技术创新、行业发展的可持续性和资源利用率。因此，市场规范可以从多个层面推动企业和行业发展。其影响路径如图8-8所示。

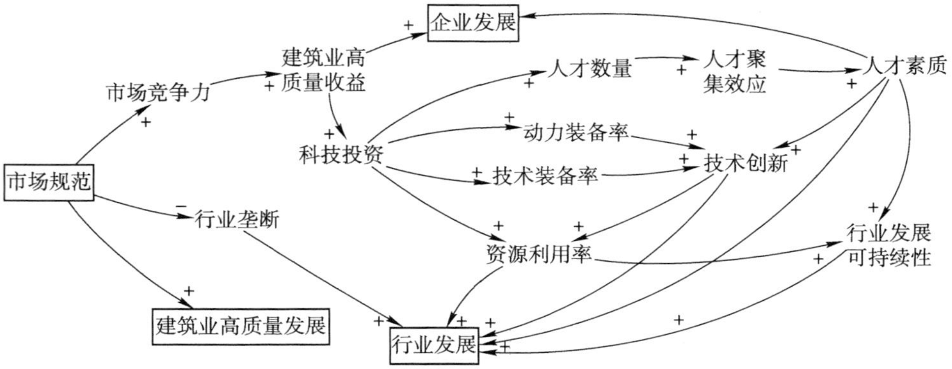

图8-8　市场规范对建筑业高质量发展及其他动力因素的路径

三、高质量发展动力机制初始理论模型构建

将以上四个动力因素的影响路径进行整合，得到动力机制总结构如图8-9所示。由此可知，单个动力因素对高质量发展产生较大影响有一定的限度。

在以系统动力学为基础的总结构图8-9中，政策管理、企业发展、行业发展、市场规范对建筑业高质量发展产生直接影响，将各动力因素之间的影响关系进行综合，得到如图8-10所示的建筑业高质量发展动力机制初始化理论模型。

由图8-10可知，建筑业高质量发展的内在逻辑为：政策管理、行业发展、企业发展、市场规范四个因素相互联系和促进，不断增强并直接推动建筑业高质量发展。由此形成的结论是：四个动力因素通过对多个层面施加影响，最终影响建筑业的高质量结果，四个动力因素对建筑业高质量发展的作用机理如下。

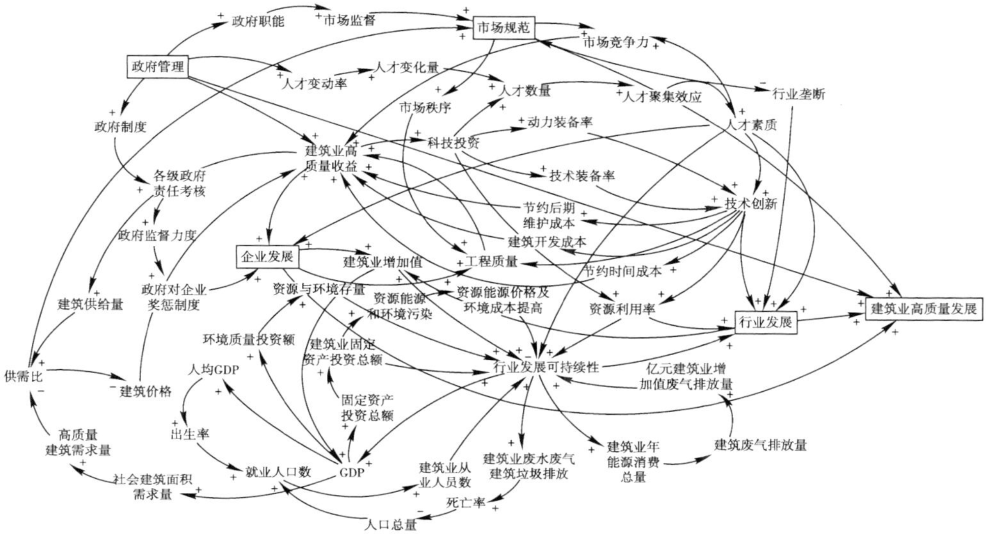

图8-9　建筑业高质量发展动力机制总结构图

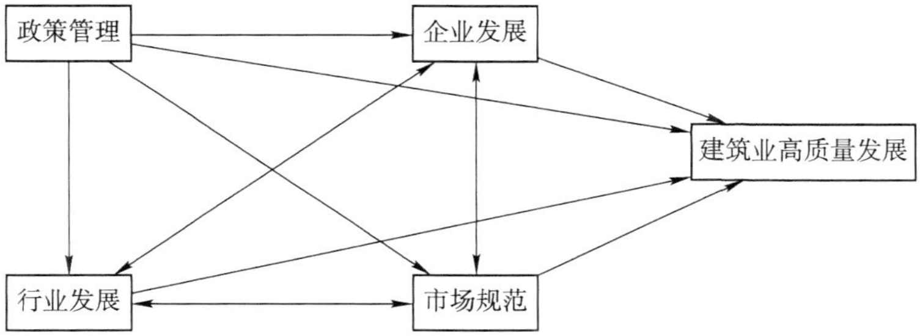

图8-10　建筑业高质量发展动力机制初始化理论模型

（1）政策管理促进行业发展、企业发展和市场规范。政府制定的政策以及规章制度要具有前瞻性和可持续性，并且对行业各方面起监督和鼓励作用。对企业而言，政策的执行力度直接影响企业实施高质量发展的自主性，也决定了企业的经营情况；市场规范方面，政策职能得到完善，市场监管力度增强，有利于保证市场稳定运行。因此，政策管理对行业发展、企业发展、市场规范具有直接的正向作用。

（2）企业发展推动行业发展、市场规范。建筑企业作为行业中的重要主体，既独立存在又相互联系，在努力提高自身建筑效益的同时也推动着建筑业的发展。在政府各项制度的监督激励下，面对市场变化和竞争，企业合理定位市场需求，实施建筑业高质量发展战略。引进人才，加大对技术的改革力度，实施技术创新，提升服务和工程质量品质，保证建筑业高质量发展过程中的收益最大化。因此，企业发展对行业发展和市场规范具有显著的正向影响。

（3）行业发展促进企业发展、市场规范。建筑业的可持续发展对于各企业的发展具有积极的导向作用，并且行业生产效率的提高也会带动企业经济效益增长。另外，建筑业的良性发展对于规范市场标准和市场秩序起着关键作用。因此，行业发展对企业发展、市场规范形成了积极的支持作用。

（4）市场规范推动行业和企业发展。市场竞争力和协调能力都是保持市场规范化的关键因素。市场竞争力提高了建筑业在市场中的份额占比，为建筑企业创造了稳定高效的发展环境。市场协调能力可以促进市场的健康发展，进而带动建筑业内部价值的提升。因此，不断强化市场规范对行业和企业发展具有正向的推动作用。

（5）政策管理、企业发展、行业发展和市场规范共同促进建筑业高质量发展。政府在法规制度层面对建筑业高质量发展实施宏观调控措施；企业发展主要通过建筑业高质量带来的收益、人才素质的提高得以体现，是直接影响建筑业高质量发展的主要因素之一。行业发展在一定程度上代表着建筑业高质量发展的趋势。市场规范为建筑业高质量发展提供良好的外部环境，引导着建筑业在自由竞争下充分实现高质量发展目标。因此，政策管理、企业发展、行业发展和市场规范对建筑业高质量发展存在着显著和直接的正向影响。

第九章
基于TOPSIS法的四川省建筑业高质量发展动力机制分析

第一节 TOPSIS法原理与步骤

一、TOPSIS法原理

TOPSIS法（TOPSIS Method）也被称为“多目标综合评价法”（Technique for Order Preference by Similarity to Ideal Solution），是综合评价中常用的方法，通过对原始数据的基本信息充分利用以便准确地反映出问题，特别是用于评价各方案之间差异的情况。其应用过程为：首先，将原始数据进行归一化处理，采用余弦法找出有限方案中的最优方案和最劣方案；其次，分别计算各评价对象与最优方案和最劣方案间的距离，获得各评价对象与最优方案的相对接近程度，以此作为评价优劣的依据。TOPSIS法简便易操作，对数据分布和样本量都没有严格的限制。此方法在装配式建筑施工安全评价（王祎炜、李爱春，2019）、建筑节能评价研究（侯凤武、郭伟，2016）等方面都得到了广泛的利用并取得较好的效果。

二、TOPSIS法的基本步骤

第一，评价指标同趋势化。使用TOPSIS法的前提是要求指标变化方向一致，即同趋势化。低优指标表示指标测度值越小整体越优，高优指标表示指标测度值越大整体越优。通常情况下，将指标数据从高优转化为低优或从低优转化为高优。在使用中“低转高”方式的使用频率较高，转化方法经常采用倒数法，即令原始数据中的低优指标$X_{ij}(i=1，2\cdots，n；j=1，2，\cdots，m)$变换成高优指标$X'_{ij}=1/X_{ij}$，并建立同趋势化后的原始数据表。

第二，数据归一化处理。将同趋势化后的指标数据矩阵进行归一化处理以便组成对应矩阵，归一化公式为$a_{ij}=X'_{ij}/\sqrt{\sum_{i=1}^{n}(X'_{ij})^2}$（原高优指标），其中的$X'_{ij}$指求导之后的第$i$个评价对象在第$j$个指标上的取值。

进行归一化处理可得矩阵：$A=\begin{bmatrix} a_{11} & a_{12} & \cdots & a_{1m} \\ a_{21} & a_{22} & \cdots & a_{2m} \\ \cdots & \cdots & \cdots & \cdots \\ a_{n1} & a_{n2} & \cdots & a_{nm} \end{bmatrix}$

第三，合理分配权重。由于指标以及算法本身的性质原因，因此一般状态下任意指标数据分配的权重相同。

第四，求出最优及最劣向量。最优向量$A^{+}=(a_{i1}^{+}，a_{i2}^{+}，\cdots，a_{im}^{+})$；最劣向量$A^{-}=(a_{i1}^{-}，a_{i2}^{-}，\cdots，a_{im}^{-})$。

第五，分别求得所有评价对象同最优、最劣向量间的距离。其公式为$D_i^{+}=\sqrt{\sum_{j=1}^{m}(a_{ij}^{+}-a_{ij})^2}$，$D_i^{-}=\sqrt{\sum_{j=1}^{m}(a_{ij}^{-}-a_{ij})^2}$，其中，$a_{ij}$指任意评价对象$i$在第$j$个指标上的取值，$D_i^{+}$和$D_i^{-}$分别指代任意评价对象$i$同最优、最劣向量间的距离。

第六，计算方案与理想解的接近程度。计算任意评价对象i与最优方案的接近程度C_i，其公式如下：$C_i=\frac{D_i^{-}}{D_i^{+}+D_i^{-}}$，$C_i\in(0,1)$，若$C_i$越接近1，表示对象$i$越接近最优水平，活跃性越大；若$C_i$越接近0，表示对象$i$越接近最劣水平，活跃性越小。

第七，评价排序。根据C_i值大小对评价对象进行排序，选出最优对象。

第二节　四川省建筑业高质量发展动力机制评价指标

根据表8-10绘制形成四川省建筑业高质量发展动力机制评价指标体系如图9-1所示。

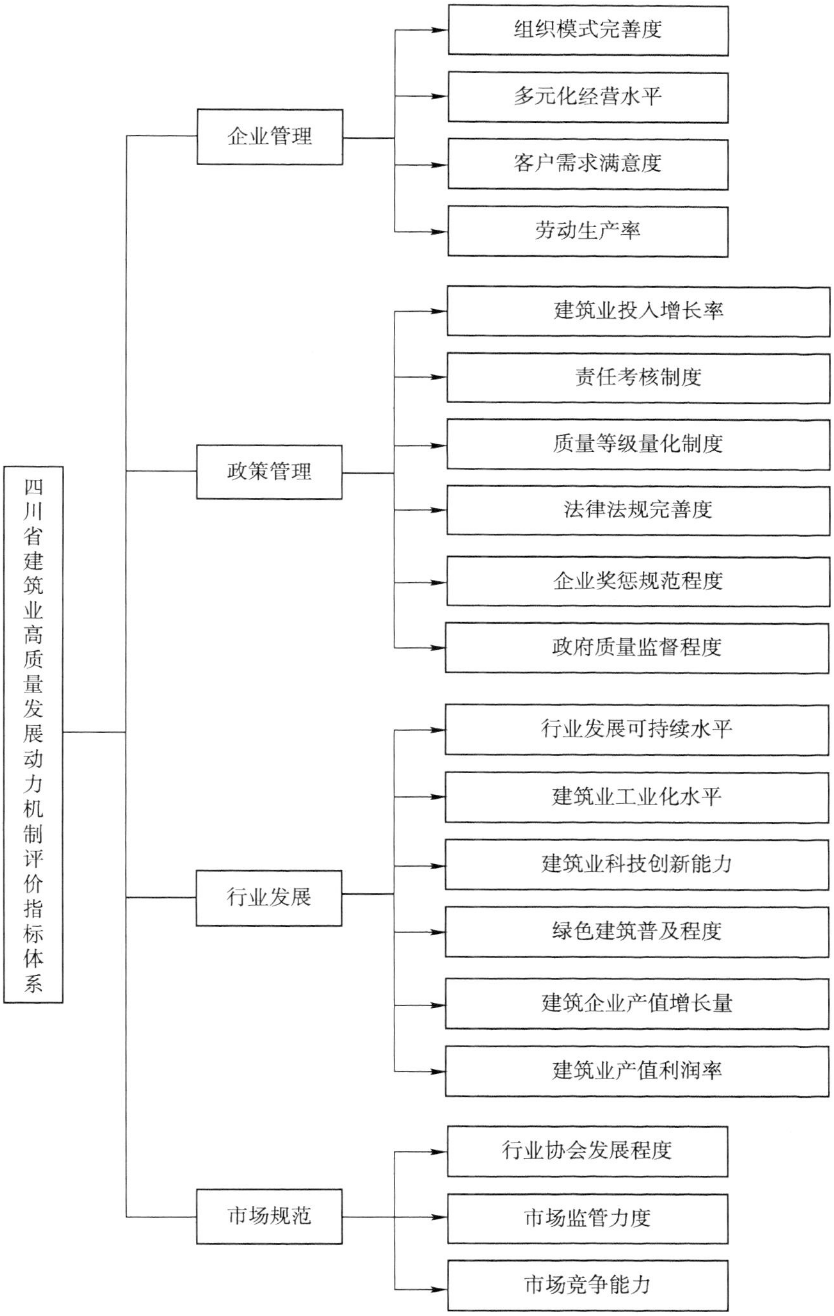

图9-1　四川省建筑业高质量发展动力机制评价指标体系

一、企业管理指标维度

用组织模式完善度、多元化经营水平、客户需求满意度、劳动生产率四个指标衡量企业管理维度，如表9-1所示。

表9-1 企业管理指标

因素维度	因素维度描述	关键指标
企业管理 y_1	企业管理是对建筑企业生产经营活动进行计划、组织、指挥、协调和控制等一系列活动的总称	组织模式完善度 y_{11}
		多元化经营水平 y_{12}
		客户需求满意度 y_{13}
		劳动生产率 y_{14}

1. 组织模式完善度

我国大型建筑企业多数采用母子公司结构形式，将国内市场和国际市场分别看待，没有将二者有机地结合起来，并以整体市场为核心在全球范围内开展经营活动。大型建筑企业分支机构的组织形式大多采用了“直线+参谋”的组织形式，这种模式基本上适应了子公司的发展。

我国建筑企业项目管理组织主要有混合工程队式、部门控制式、事业部形式、矩阵式四种组织形式。这四种项目管理的组织形式基本上适应了项目投资建设的一次性特点，通过对项目资源进行动态优化组合，满足建筑企业项目管理的需求。

建筑企业的项目管理的四种组织形式，从应用角度看，仍然存在一些缺陷与不足，导致相应组织模式的优势无法得到充分发挥。因此，改进建筑企业组织模式是目前建筑企业管理中亟待解决的难题之一。

2. 多元化经营水平

建筑业企业实施多元化经营的主要目的不仅能防范风险、提升企业绩效，还能运用协同效应获得规模经济利益、寻找新的市场机会等。实践和理论研究结果表明，实施多元化经营一方面可以提高建筑业企业的经营绩效，另一方面也存在负面影响，如投资项目过多导致资源分散、管理难度增加、风险大等。因此，对建筑企业的多元化经营水平进行综合评价较为重要。

3. 客户需求满意度

客户需求满意度同客户期望值与其体验的匹配度有关，即客户通过对一种产品可感知的效果与其期望值相比较后得出的指数；客户在项目建设前对工程项目质量的预期与项目建设完成投入使用后对项目质量实际感受的比较。如果使用后的感知质量超过预期质量，客户满意程度就高。

4. 劳动生产率

建筑业劳动生产率是指在报告期内建筑业生产出建筑产品的效率，是建筑产品产量或价值与相对应的劳动消耗之比，是考察建筑业生产效率和节省劳动力的重要指标。在劳动力投入一定的情形下，建筑业价值被创造的越多，劳动生产率越高；反之，劳动生产率越低。建筑业劳动生产率的常用指标是由建筑业总产值及其增加值计算得出的劳动生产率。

二、政策管理指标维度

在建筑业高质量发展过程中，政府宏观措施的引导和支持是重要的推动力。因此，政策管理是影响建筑业高质量发展的重要基础。政策管理的关键因素包含建筑业投入增长率、责任考核制度、质量等级量化制度、法律法规完善度、企业奖惩规范程度、政府质量监督程度，如表9-2所示。

表9-2　政策管理指标

因素维度	因素维度描述	关键指标
政策管理 y_2	政策管理是指对相关行业的法律、法规、政策及其规章制度进行修正、完善和规范。其目的在于促进社会发展，并让相关主体获得相应的利益	建筑业投入增长率 y_{21}
		责任考核制度 y_{22}
		质量等级量化制度 y_{23}
		法律法规完善度 y_{24}
		企业奖惩规范程度 y_{25}
		政府质量监督程度 y_{26}

1. 建筑业投入增长率

国家预算内资金是列入国家预算收支计划并由财政集中分配使用的资金，主要用于预算内的经济建设、文教科技卫生、国防和对外援助拨款、国家行政管理方面等。其中，包含国家对城市建设支出、商业部门简易建筑支出、国家统筹安排的开发资金等建筑业投入预算。根据国家每年对建筑业的预算投入增加值的变化，体现出国家或地方政府层面对建筑业高质量的重视程度，便于对建筑业高质量发展的投资情况进行分析。

2. 责任考核制度

责任考核制度以管理目标为指导，以行政责任制为基础，定期对相关职能部门和人员的工作进行检查，并通过奖惩制度肯定其积极行为，否定其消极行为，为职能部门改进工作方式及提高工作绩效提供动力源泉。在建筑业高质量发展中，通过不断完善责任考核制度，提高相关工作人员的积极性，从而推动建筑业高质量发展。

3. 质量等级量化制度

工程质量是建筑业高质量发展中最显性的表现形式，包含建筑产品的安全性、消费者的满意度。工程完成后针对建筑物质量情况进行科学、合理的评价是衡量工程施工水平、掌握真实工程质量的重要工作。而有效的工程质量监督制度必须设置一定的等级划分和量化打分规则，以对工程质量的优劣进行判断。

4. 建筑业法律法规

为了促进我国建筑业的发展和规范市场主体行为，国家颁布了相关法律、法规以建立健全法律体系制度，例如《建筑法》《中华人民共和国合同法》《中华人民共和国招标投标法》《建设工程质量管理条例》《建设业企业资质管理规定》等。然而，建筑法律法规还不够完善，例如，对工程建设行业保证金收取的种类、比例等没有明确规定。因此要进一步完善建筑行业法律体系，推动建筑业规范发展。

5. 企业奖惩规范程度

为严明纪律、奖惩分明，调动建筑企业的积极性，提高其生产效率和经济效率，依据公平竞争、公正管理的原则，管理部门可运用一定手段对建筑企业的行为进行管理和规范。例如，采用科学合理的奖励和惩罚措施对建筑企业进行监管，其中包括实施项目资金补助和政策倾斜激励措施，或者实施免督查，或对滞后工作的主体实施约谈问责等。政府对企业奖惩制度的规范程度可以在很大程度上保障国家地方法规政策的落实，为建筑业高质量发展实施情况的监管提供方向。

6. 政府质量监督程度

质量监督是指进行持续的监督和考证，不仅针对产品，还针对其实施过程、形成体系的状态，以及资料进行分析，保证达到规定的质量要求。质量监督通常分为企业内部的微观质量监督和企业外部的宏观质量监督两大类。企业外部的宏观质量监督又可以分为行业监督、行政监督、社会监督三大类，其中政府部门实施的“行政监督”是最重要的类别，主要负责区域内宏观质量监督。政府在项目建设的事前、事中、事后都会对建筑企业的行为和工程质量进行监管。由于质量安全问题涉及生命财产安全，因此政府对建筑工程的质量监督程度是衡量建筑业能否达到高质量标准的一个评判基础。

三、行业发展指标维度

行业发展指标维度包含的因素主要有行业发展可持续水平、建筑业工业化水平、建筑业科技创新能力、绿色建筑普及程度、建筑企业产值增长量、建筑业产值利润率，如表9-3所示。

表9-3　行业发展指标

因素维度	因素维度描述	关键指标
行业发展 y_3	行业发展分为技术驱动的发展、消费结构驱动的发展、人口结构驱动的发展。目前，建筑行业的发展主要体现为技术带动为主、消费为辅的形式	行业发展可持续水平 y_{31}
		建筑业工业化水平 y_{32}
		建筑业科技创新能力 y_{33}
		绿色建筑普及程度 y_{34}
		建筑业产值增长量 y_{35}
		建筑业产值利润率 y_{36}

1. 行业发展可持续水平

可持续性是指一种可以长久维持的过程或状态。可持续发展的内涵包括经济、生态和社会的可持续发展。而建筑业的发展可持续水平包括在项目建设全过程是否对自然生态环境造成破坏，是否在提高经济效益的情况下产生社会效益。因此，行业的可持续发展水平也是建筑业高质量的关键内容。

2. 建筑业工业化水平

建筑工业化是指通过现代化的制造、运输、安装和科学管理的生产方式，取代传统建筑业中分散、低水平、低效率的手工业方式。其主要标志是建筑设计标准化、构配件生产工厂化、施工机械化和组织管理系统化。建筑业工业化是提高劳动效率和建筑质量的重要途径，是未来建筑业高质量的发展方向。

3. 建筑业科技创新能力

科技创新能力主要包括科研设备、专业知识水平、经济势力、研发经历、知识结构、研发经验及创新精神七个因素。走中国特色的自主创新之路，必须着眼于国家战略需求，努力抓住科技创新的制高点。在建筑业高质量发展进程中，强化核心技术是解决建筑业痛点的基础，致力于不断提升核心技术，推动建筑业在大数据背景下的转型升级，是建筑业高质量发展的必由之路。

4. 绿色建筑普及程度

随着城镇化的快速推进、工程项目数量增加以及工程规模的扩大，环境和资源问题日益突出。部分研究者认为建筑业在环境方面面临的主要挑战集中在建筑垃圾、施工污染、建筑能耗等方面。目前，部分建筑企业步入转型升级阶段，其发展方式也由速度和数量扩张转向效率质量提升。“十三五”规划明确提出，“推动形成绿色生产生活方式，加快改善生态环境”。因此，绿色建造的理念在建筑业的普及程度直观反映了该行业对高质量的定位和要求，是衡量建筑业是否达到高质量发展的一个评判依据。

5. 建筑业产值增长量

建筑业总产值是指以货币表现的建筑企业在一定时期内生产的建筑业产品的总和。可以体现建筑业生产的成果有：①非标准设备制造产值。②建筑工程产值。③房屋、构筑物修理产值。④设备安装工程产值。其每年的产值增长程度反映了建筑企业的综合实力和建筑业高质量发展的未来前景。

6. 建筑业产值利润率

建筑业产值利润率是衡量建筑业利润水平的标准，是建筑业利润总额与总产值之比。其计算公式为：建筑业产值利润率=建筑产品利润总额 ÷ 产品销售收入 × 100%。

四、市场规范指标维度

市场规范影响程度包含的因素主要有行业协会发展程度、市场监管力度、市场竞争能力，如表9–4所示。

表9–4　市场规范指标

因素维度	因素维度描述	关键指标
市场规范 y_3	依照规范市场秩序的规章制度及措施、办法，对各类市场进行规范管理和专项治理，查处违章违法行为	行业协会发展程度 y_{31}
		市场监管力度 y_{32}
		市场竞争能力 y_{33}

1. 行业协会发展程度

建筑行业协会是一个全国性的行业组织，由企业机构、地方建筑业协会、部门建筑业协会和相关专业人士组成。这些专业人员在各个地区和部门中从事土木工程、管道设备安装、建筑装饰和科学研究，是在民政部注册登记具有法人资格的非营利性社会团体。

建筑行业协会的壮大和成长旨在积极反映企业诉求，维护企业合法权益，规范企业行为，加强行业自律，促进建筑业持续健康发展，为全面建设小康社会贡献力量。因此，行业协会的发展在很大程度上推动着建筑业高质量的发展。

2. 市场监管力度

建筑业的市场监管不仅仅关系到有形市场，还涉及市场本身行为和范围（即无形市场）的管理，包括电子商务、网上交付等交易行为的管理，因此建筑市场监管要严格市场主体准入和市场行为两个方面，同时兼顾微观方面的监管力度。

3. 市场竞争能力

市场经济的基本特征是形成市场竞争。在市场经济条件下，企业为了追求利益，获得更好的产销条件和更多的市场资源而开展竞争。通过竞争可以实现优胜劣汰并优化生产要素的分配。建筑行业想要获得更广阔的市场空间，以及较高的市场占比，就需要不断提高行业自身的综合竞争能力。

第三节 四川省21地市（州）建筑业高质量发展动力因子分析

一、研究数据来源与处理

根据《2018年四川省统计年鉴》、四川省统计网、四川省21地市（州）的政府网站中关于建筑业发展报告以及其他相关辅助渠道产生的数据，采用EXCEL电子表格软件，按照TOPSIS通用的算法步骤，对19个指标均赋予同样的权重值。本节主要使用TOPSIS软件计算四个动力因子的值，并对其进行解释，其中重点针对四川省各地市（州）建筑业高质量发展动力因子指标的排序状况，剖析最优接近度C_i值，并得出相关的研究结论。

二、企业管理维度动力因子分析

对企业管理维度动力因子，采用TOPSIS法的思路计算输出值如表9-5所示，效用最优接近度如表9-6所示。

表9-5 企业管理维度指标TOPSIS法输出值

样本	组织模式完善度	多元化经营水平	客户需求满意度	劳动生产率（元/人）
成都市	0.3271	0.3341	0.3271	0.2981
自贡市	0.2095	0.2083	0.2095	0.2486
攀枝花市	0.1838	0.1808	0.1838	0.3301
泸州市	0.2499	0.2515	0.2499	0.1918
德阳市	0.2830	0.2869	0.2830	0.2336
绵阳市	0.2903	0.2948	0.2903	0.1938
广元市	0.1507	0.1454	0.1507	0.1760
遂宁市	0.1801	0.1769	0.1801	0.2189
内江市	0.2168	0.2162	0.2168	0.1964
乐山市	0.2352	0.2358	0.2352	0.2199
南充市	0.2646	0.2673	0.2646	0.2364
眉山市	0.1948	0.1926	0.1948	0.2308
宜宾市	0.2720	0.2751	0.2720	0.1867

续表

样本	组织模式完善度	多元化经营水平	客户需求满意度	劳动生产率（元/人）
广安市	0.1911	0.1887	0.1911	0.2483
达州市	0.2462	0.2476	0.2462	0.2320
雅安市	0.1433	0.1376	0.1433	0.1126
巴中市	0.1433	0.1376	0.1433	0.2113
资阳市	0.1691	0.1651	0.1691	0.2639
阿坝藏族羌族自治州	0.1250	0.1179	0.1250	0.1732
甘孜藏族自治州	0.1213	0.1140	0.1213	0.1580
凉山彝族自治州	0.2279	0.2280	0.2279	0.0642
最优向量	0.3271	0.3341	0.3271	0.3301
最劣向量	0.1213	0.1140	0.1213	0.0642

表9-6　企业管理因子效用最优接近度

样本	D^+	D^-	统计量 C_i	名次
成都市	0.0320	0.4334	0.9312	1
自贡市	0.2239	0.2418	0.5192	10
攀枝花市	0.2541	0.2881	0.5313	9
泸州市	0.1946	0.2613	0.5732	7
德阳市	0.1242	0.3330	0.7284	2
绵阳市	0.1511	0.3266	0.6837	3
广元市	0.3487	0.1234	0.2613	18
遂宁市	0.2834	0.1866	0.3970	15
内江市	0.2369	0.2149	0.4757	11
乐山市	0.1967	0.2551	0.5646	8
南充市	0.1451	0.3070	0.6791	4
眉山市	0.2548	0.2115	0.4536	13
宜宾市	0.1736	0.2939	0.6287	5
广安市	0.2546	0.2219	0.4656	12
达州市	0.1737	0.2780	0.6154	6
雅安市	0.3917	0.0622	0.1371	21
巴中市	0.3468	0.1522	0.3051	17
资阳市	0.2879	0.2170	0.4297	14

续表

样本	D^+	D^-	统计量 C_i	名次
阿坝藏族羌族自治州	0.3912	0.1092	0.2182	19
甘孜藏族自治州	0.4035	0.0938	0.1887	20
凉山彝族自治州	0.3189	0.1890	0.3721	16

由表9-5和表9-6中企业管理维度动力因子中的TOPSIS输出值和效用最优接近度可知，成都市、德阳市、绵阳市、南充市和宜宾市分别位列前5名；巴中市、广元市、阿坝州、甘孜州和雅安市分别处在后5名。不同区域之间的企业管理维度动力因子水平程度差异较小，相邻排序的各地市（州）之间C_i值相差值集中在0.2028～0.0046。表9-5和表9-6表明，作为省会的成都市具备明显的经济优势，其他排名较为靠前的城市具有企业数量较多且发展突出等特点；四川省21地市（州）之间企业管理维度动力因子的最优接近度相对差距较小。

三、政策管理维度动力因子分析

对政策管理维度动力因子，采用TOPSIS法的思路计算输出值和效用最优接近度分别如表9-7和表9-8所示。

表9-7　政策管理维度指标TOPSIS法输出值

样本	建筑业投入增长率（%）	责任考核制度	质量等级量化制度	法律法规完善度	企业奖惩规范程度	政府质量监督程度
成都市	0.3062	0.3255	0.3288	0.3209	0.3224	0.3180
自贡市	0.2487	0.2098	0.2092	0.2105	0.2102	0.2109
攀枝花市	0.2429	0.1844	0.1831	0.1863	0.1857	0.1875
泸州市	0.1943	0.2495	0.2503	0.2484	0.2488	0.2477
德阳市	0.2511	0.2821	0.2839	0.2795	0.2803	0.2778
绵阳市	0.2366	0.2893	0.2914	0.2864	0.2873	0.2845
广元市	0.2825	0.1519	0.1494	0.1553	0.1542	0.1573
遂宁市	0.1952	0.1808	0.1793	0.1829	0.1822	0.1841
内江市	0.1935	0.2170	0.2167	0.2174	0.2172	0.2176
乐山市	0.2316	0.2351	0.2354	0.2346	0.2348	0.2343

续表

样本	建筑业投入增长率（%）	责任考核制度	质量等级量化制度	法律法规完善度	企业奖惩规范程度	政府质量监督程度
南充市	0.2636	0.2640	0.2653	0.2622	0.2628	0.2611
眉山市	0.2060	0.1953	0.1943	0.1967	0.1962	0.1975
宜宾市	0.2628	0.2712	0.2727	0.2691	0.2698	0.2678
广安市	0.2676	0.1917	0.1905	0.1932	0.1927	0.1942
达州市	0.2142	0.2459	0.2466	0.2450	0.2453	0.2444
雅安市	0.1048	0.1447	0.1420	0.1484	0.1472	0.1506
巴中市	0.1910	0.1447	0.1420	0.1484	0.1472	0.1506
资阳市	0.0936	0.1700	0.1681	0.1725	0.1717	0.1741
阿坝藏族羌族自治州	0.1388	0.1266	0.1233	0.1311	0.1296	0.1339
甘孜藏族自治州	0.1775	0.1230	0.1196	0.1277	0.1261	0.1306
凉山彝族自治州	0.1191	0.2278	0.2279	0.2277	0.2278	0.2276
最优向量	0.3062	0.3255	0.3288	0.3209	0.3224	0.3180
最劣向量	0.0936	0.1230	0.1196	0.1277	0.1261	0.1306

表9-8　政策管理因子效用最优接近度

样本	D^+	D^-	统计量 C_i	名次
成都市	0.0000	0.4909	1.0000	1
自贡市	0.2593	0.2450	0.4858	9
攀枝花市	0.3146	0.2008	0.3896	14
泸州市	0.2001	0.2943	0.5953	7
德阳市	0.1096	0.3817	0.7769	3
绵阳市	0.1053	0.3906	0.7877	2
广元市	0.3800	0.1991	0.3439	15
遂宁市	0.3350	0.1621	0.3262	16
内江市	0.2625	0.2284	0.4653	10
乐山市	0.2111	0.2811	0.5711	8
南充市	0.1409	0.3519	0.7141	5
眉山市	0.3016	0.1939	0.3913	13
宜宾市	0.1262	0.3654	0.7433	4
广安市	0.2949	0.2298	0.4380	12

续表

样本	D^+	D^-	统计量 C_i	名次
达州市	0.1967	0.2945	0.5996	6
雅安市	0.4434	0.0487	0.0990	20
巴中市	0.4115	0.1083	0.2084	17
资阳市	0.4008	0.1027	0.2040	18
阿坝藏族羌族自治州	0.4657	0.0459	0.0897	21
甘孜藏族自治州	0.4608	0.0839	0.1540	19
凉山彝族自治州	0.2837	0.2305	0.4483	11

通过9–7和表9–8中政策管理维度动力因子计算结果分析得出，位列前5名的分别是成都市、绵阳市、德阳市、宜宾市、南充市；后5名的分别是巴中市、资阳市、甘孜藏族自治州、雅安市和阿坝藏族羌族自治州，其他城市则集中于中间区域。由以上排序可以看出，名次靠前的城市主要聚集在经济发展相对较快的区域，排名第一的成都市C_i值是1.0000，排名第二的绵阳市C_i值是0.7877，排名最后的阿坝藏族羌族自治州C_i值只有0.0897。一方面，说明成都市的C_i值满足要求是因为经济发达，其行政执行和管理具有较高的水平，以及具有较为完善的监管制度；另一方面，排名靠前的四川省地市（州）和排名较后的地市（州）之间差距较大，说明在政策实施方面，两极分化较为明显。

四、行业发展维度动力因子分析

对于行动发展维度动力因子，根据TOPSIS的思路计算输出值和效用最优接近度分别如表9–9和表9–10所示。

表9–9　行业发展维度指标TOPSIS法输出值

样本	行业发展可持续水平	建筑业工业化水平	建筑业科技创新能力	绿色建筑普及程度	建筑企业产值增长量（万元）	建筑业产值利润率（%）
成都市	0.3323	0.3360	0.3314	0.3166	0.7769	0.1474
自贡市	0.2086	0.2080	0.2088	0.2111	0.1000	0.1472
攀枝花市	0.1816	0.1800	0.1820	0.1880	0.0283	0.1514
泸州市	0.2511	0.2520	0.2509	0.2474	0.3893	0.1430
德阳市	0.2859	0.2880	0.2854	0.2771	0.0859	0.0569

续表

样本	行业发展可持续水平	建筑业工业化水平	建筑业科技创新能力	绿色建筑普及程度	建筑企业产值增长量（万元）	建筑业产值利润率（%）
绵阳市	0.2936	0.2960	0.2931	0.2837	0.1881	0.1996
广元市	0.1468	0.1440	0.1475	0.1583	0.0479	0.2045
遂宁市	0.1777	0.1760	0.1781	0.1847	0.1218	0.3018
内江市	0.2164	0.2160	0.2164	0.2177	0.0120	0.1505
乐山市	0.2357	0.2360	0.2356	0.2342	0.0831	0.1966
南充市	0.2666	0.2680	0.2662	0.2606	0.2404	0.1554
眉山市	0.1932	0.1920	0.1935	0.1979	0.0587	0.3102
宜宾市	0.2743	0.2760	0.2739	0.2672	0.1372	0.1605
广安市	0.1893	0.1880	0.1896	0.1946	0.1195	0.2520
达州市	0.2473	0.2480	0.2471	0.2441	0.0825	0.2298
雅安市	0.1391	0.1360	0.1398	0.1517	0.0172	0.1728
巴中市	0.1391	0.1360	0.1398	0.1517	0.2393	0.1674
资阳市	0.1661	0.1640	0.1666	0.1748	0.0506	0.1404
阿坝藏族羌族自治州	0.1198	0.1160	0.1207	0.1352	0.0104	0.0853
甘孜藏族自治州	0.1159	0.1120	0.1168	0.1319	0.0068	0.5490
凉山彝族自治州	0.2279	0.2280	0.2279	0.2276	0.0758	0.1649
最优向量	0.3323	0.3360	0.3314	0.3166	0.7769	0.5490
最劣向量	0.1159	0.1120	0.1168	0.1319	0.0068	0.0569

表9-10　行业发展因子效用最优接近度

样本	D^{+}	D^{-}	C_i	名次
成都市	0.4016	0.8822	0.6872	1
自贡市	0.8231	0.2222	0.2126	15
攀枝花市	0.8969	0.1604	0.1517	18
泸州市	0.5831	0.4721	0.4474	2
德阳市	0.8531	0.3400	0.2850	8
绵阳市	0.6888	0.4156	0.3763	3
广元市	0.8833	0.1646	0.1570	17
遂宁市	0.7620	0.2961	0.2798	9
内江市	0.8914	0.2167	0.1956	16

续表

样本	D^+	D^-	C_i	名次
乐山市	0.8005	0.2822	0.2606	11
南充市	0.6775	0.3875	0.3639	4
眉山市	0.8038	0.2991	0.2712	10
宜宾市	0.7569	0.3502	0.3164	6
广安市	0.7731	0.2667	0.2565	12
达州市	0.7819	0.3177	0.2889	7
雅安市	0.9272	0.1248	0.1187	20
巴中市	0.7588	0.2614	0.2562	13
资阳市	0.8938	0.1358	0.1318	19
阿坝藏族羌族自治州	0.9866	0.0296	0.0291	21
甘孜藏族自治州	0.8776	0.4921	0.3593	5
凉山彝族自治州	0.8247	0.2529	0.2347	14

行业发展维度动力因子计算结果如表9–9和表9–10所示，能够分析得出，位列前5名的分别是成都市、泸州市、绵阳市、南充市和甘孜藏族自治州；位列后5名的分别是阿坝藏族羌族自治州、雅安市、资阳市、攀枝花市和广元市，其他城市则集中于中间区域。排名顺序与政策扶持和自身发展空间有较大关联。其中，前5名的得分除了成都的C_i值（0.6872）比较高之外，排名在第3～15名的地市的C_i值得分集中在0.2～0.4，其余的C_i值集中在0.1左右，可知四川省21地市（州）的行业发展形成了四个差距较大梯度。

五、市场规范维度动力因子分析

对于市场规范维度动力因子，在TOPSIS思路下计算输出值和效用最优接近度分别如表9–11和表9–12所示。

表9–11　市场规范维度指标TOPSIS法输出值

样本	行业协会发展程度	市场监管力度	市场竞争能力
成都市	0.3305	0.3194	0.3153
自贡市	0.2089	0.2107	0.2113
攀枝花市	0.1823	0.1869	0.1885

续表

样本	行业协会发展程度	市场监管力度	市场竞争能力
泸州市	0.2507	0.2481	0.2470
德阳市	0.2849	0.2787	0.2763
绵阳市	0.2925	0.2854	0.2828
广元市	0.1481	0.1563	0.1593
遂宁市	0.1785	0.1835	0.1853
内江市	0.2165	0.2175	0.2178
乐山市	0.2355	0.2345	0.2340
南充市	0.2659	0.2617	0.2600
眉山市	0.1937	0.1971	0.1983
宜宾市	0.2735	0.2685	0.2665
广安市	0.1899	0.1937	0.1950
达州市	0.2469	0.2447	0.2438
雅安市	0.1406	0.1495	0.1528
巴中市	0.1406	0.1495	0.1528
资阳市	0.1671	0.1733	0.1755
阿坝藏族羌族自治州	0.1216	0.1325	0.1365
甘孜藏族自治州	0.1178	0.1291	0.1333
凉山彝族自治州	0.2279	0.2277	0.2275
最优向量	0.3305	0.3194	0.3153
最劣向量	0.1178	0.1291	0.1333

表9-12　市场规范因子效用最优接近度

样本	D^+	D^-	统计量 C_i	名次
成都市	0.0000	0.3385	1.0000	1
自贡市	0.1934	0.1451	0.4286	11
攀枝花市	0.2358	0.1028	0.3036	14
泸州市	0.1269	0.2116	0.6250	6
德阳市	0.0725	0.2660	0.7857	3
绵阳市	0.0605	0.2781	0.8214	2
广元市	0.2902	0.0484	0.1429	17
遂宁市	0.2418	0.0967	0.2857	15

续表

样本	D^+	D^-	统计量 C_i	名次
内江市	0.1814	0.1572	0.4643	10
乐山市	0.1511	0.1874	0.5536	8
南充市	0.1028	0.2358	0.6964	5
眉山市	0.2176	0.1209	0.3571	12
宜宾市	0.0907	0.2479	0.7321	4
广安市	0.2237	0.1149	0.3393	13
达州市	0.1330	0.2055	0.6071	7
雅安市	0.3023	0.0363	0.1071	18
巴中市	0.3023	0.0363	0.1071	19
资阳市	0.2599	0.0786	0.2321	16
阿坝藏族羌族自治州	0.3325	0.0060	0.0179	20
甘孜藏族自治州	0.3385	0.0000	0.0000	21
凉山彝族自治州	0.1632	0.1753	0.5179	9

市场规范维度动力因子计算结果由表9-11和表9-12分析得出，名次位列前5名的分别是成都市、绵阳市、德阳市、宜宾市、南充市，处于后5名的分别是广元市、雅安市、巴中市、阿坝藏族羌族自治州、甘孜藏族自治州，其他城市则处于中游水平。分数较高的集中在前4名，排名第5～9位的分数主要聚集在0.5～0.7，分数主要聚集在0.3～0.5的名次分布在第10～14位，其余排名的分数集中在0.1左右，形成差距较为明显的四个梯队。

第四节　四川省建筑业高质量发展动力机制运行态势及因子活跃度评价

一、四川省建筑业高质量发展动力机制运行态势分析

利用TOPSIS法，计算四个动力因子下四川省各指标的输出值如表9-13所示。

表9-13　四川省21地市（州）19个指标TOPSIS法输出值

样本	Y_1	Y_2	Y_3	Y_4	Y_5	$Y\cdots$	Y_{17}	Y_{18}	Y_{19}
成都市	0.3271	0.3341	0.3271	0.2981	0.3062	L	0.3305	0.3194	0.3153
自贡市	0.2095	0.2083	0.2095	0.2486	0.2487	L	0.2089	0.2107	0.2113
攀枝花市	0.1838	0.1808	0.1838	0.3301	0.2429	L	0.1823	0.1869	0.1885
泸州市	0.2499	0.2515	0.2499	0.1918	0.1943	L	0.2507	0.2481	0.2470
德阳市	0.2830	0.2869	0.2830	0.2336	0.2511	L	0.2849	0.2787	0.2763
绵阳市	0.2903	0.2948	0.2903	0.1938	0.2366	L	0.2925	0.2854	0.2828
广元市	0.1507	0.1454	0.1507	0.1760	0.2825	L	0.1481	0.1563	0.1593
遂宁市	0.1801	0.1769	0.1801	0.2189	0.1952	L	0.1785	0.1835	0.1853
内江市	0.2168	0.2162	0.2168	0.1964	0.1935	L	0.2165	0.2175	0.2178
乐山市	0.2352	0.2358	0.2352	0.2199	0.2316	L	0.2355	0.2345	0.2340
南充市	0.2646	0.2673	0.2646	0.2364	0.2636	L	0.2659	0.2617	0.2600
眉山市	0.1948	0.1926	0.1948	0.2308	0.2060	L	0.1937	0.1971	0.1983
宜宾市	0.2720	0.2751	0.2720	0.1867	0.2628	L	0.2735	0.2685	0.2665
广安市	0.1911	0.1887	0.1911	0.2483	0.2676	L	0.1899	0.1937	0.1950
达州市	0.2462	0.2476	0.2462	0.2320	0.2142	L	0.2469	0.2447	0.2438
雅安市	0.1433	0.1376	0.1433	0.1126	0.1048	L	0.1406	0.1495	0.1528
巴中市	0.1433	0.1376	0.1433	0.2113	0.1910	L	0.1406	0.1495	0.1528
资阳市	0.1691	0.1651	0.1691	0.2639	0.0936	L	0.1671	0.1733	0.1755
阿坝藏族羌族自治州	0.1250	0.1179	0.1250	0.1732	0.1388	L	0.1216	0.1325	0.1365
甘孜藏族自治州	0.1213	0.1140	0.1213	0.1580	0.1775	L	0.1178	0.1291	0.1333
凉山彝族自治州	0.2279	0.2280	0.2279	0.0642	0.1191	L	0.2279	0.2277	0.2275
最优向量	0.3271	0.3341	0.3271	0.3301	0.3062	L	0.3305	0.3194	0.3153
最劣向量	0.1213	0.1140	0.1213	0.0642	0.0936	L	0.1178	0.1291	0.1333

注：上述四个动力因子中共含有19个指标，分别利用 Y_1，$Y_2\cdots Y_{19}$ 等表示，省略利用“L”进行表示。

对四川省21地市（州）四个动力因子下的19个指标进行总体分析评价，计算每个区域的最优接近度C_i值。首先，得出成都市是具有建筑业高质量发展动力的最佳单元；其次，分析其他城市的理想程度，如表9-14和图9-3所示。

表9-14　四川省21地市（州）建筑业高质量发展动力机制运行现状最优接近度

样本	D^+	D^-	统计量 C_i	名次
成都市	0.4029	1.1497	0.7405	1
自贡市	0.9123	0.4346	0.3227	10
攀枝花市	1.0117	0.3995	0.2831	16
泸州市	0.6588	0.6500	0.4967	3

续表

样本	D^+	D^-	统计量 C_i	名次
德阳市	0.8721	0.6655	0.4328	6
绵阳市	0.7155	0.7136	0.4993	2
广元市	1.0632	0.2903	0.2145	18
遂宁市	0.9119	0.3976	0.3036	14
内江市	0.9760	0.4123	0.2970	15
乐山市	0.8642	0.5088	0.3705	8
南充市	0.7145	0.6511	0.4768	4
眉山市	0.9216	0.4317	0.3190	11
宜宾市	0.7919	0.6356	0.4453	5
广安市	0.8942	0.4317	0.3256	9
达州市	0.8354	0.5542	0.3988	7
雅安市	1.1407	0.1522	0.1177	20
巴中市	0.9782	0.3233	0.2484	17
资阳市	1.0536	0.2868	0.2139	19
阿坝藏族羌族自治州	1.2058	0.1222	0.0920	21
甘孜藏族自治州	1.1224	0.5080	0.3116	13
凉山彝族自治州	0.9429	0.4284	0.3124	12

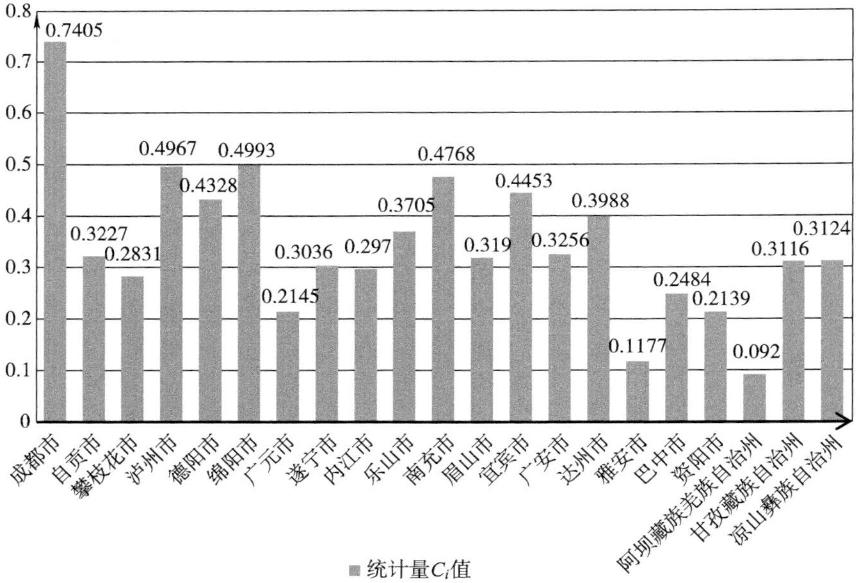

图9-3　四川省21地市（州）建筑业高质量发展动力机制运行态势

按照各地市的C_i值，将四川省21地市（州）建筑业高质量发展动力推进程度划分为优秀、良好、一般、较差四个等级，以此组成四川省建筑业高质量发展动力的四个方阵，如表9-15所示。

表9-15　四川省21地市（州）建筑业高质量发展动力机制运行态势等级划分

C_i值	0.05 ~ 0.2	0.2 ~ 0.3	0.3 ~ 0.4	0.4 ~ 0.5	0.5 ~ 1
等级	第四方阵		第三方阵	第二方阵	第一方阵
态势	差		一般	良好	优秀
市（州）名	雅安市、阿坝藏族羌族自治州	内江市、攀枝花市、巴中市、广元市、资阳市	达州市、乐山市、广安市、自贡市、眉山市、凉山彝族自治州、甘孜藏族自治州、遂宁市	绵阳市、泸州市、南充市、宜宾市、德阳市	成都市

二、四川省建筑业高质量发展动力因子活跃程度评价

依据四川省21地市（州）四个动力因子的活跃度和效用进行总体分析，目的是对四川省所属市（州）建筑业高质量发展的动力因子进行全面了解，并讨论动力因子的效用程度，如表9-16所示。

表9-16　四川省21地市（州）建筑业高质量发展各动力因子效用最优接近度

	企业管理		政策管理		行业发展		市场规范	
样本	C_i值	名次	C_i值	名次	C_i值	名次	C_i值	名次
成都市	0.9312	1	1.0000	1	0.6872	1	1.0000	1
自贡市	0.5192	10	0.4858	9	0.2126	15	0.4286	11
攀枝花市	0.5313	9	0.3896	14	0.1517	18	0.3036	14
泸州市	0.5732	7	0.5953	7	0.4474	2	0.6250	6
德阳市	0.7284	2	0.7769	3	0.2850	8	0.7857	3
绵阳市	0.6837	3	0.7877	2	0.3763	3	0.8214	2
广元市	0.2613	18	0.3439	15	0.1570	17	0.1429	17
遂宁市	0.3970	15	0.3262	16	0.2798	9	0.2857	15
内江市	0.4757	11	0.4653	10	0.1956	16	0.4643	10
乐山市	0.5646	8	0.5711	8	0.2606	11	0.5536	8
南充市	0.6791	4	0.7141	5	0.3639	4	0.6964	5
眉山市	0.4536	13	0.3913	13	0.2712	10	0.3571	12

续表

	企业管理		政策管理		行业发展		市场规范	
样本	C_i值	名次	C_i值	名次	C_i值	名次	C_i值	名次
宜宾市	0.6287	5	0.7433	4	0.3164	6	0.7321	4
广安市	0.4656	12	0.4380	12	0.2565	12	0.3393	13
达州市	0.6154	6	0.5996	6	0.2889	7	0.6071	7
雅安市	0.1371	21	0.0990	20	0.1187	20	0.1071	18
巴中市	0.3051	17	0.2084	17	0.2562	13	0.1071	19
资阳市	0.4297	14	0.2040	18	0.1318	19	0.2321	16
阿坝藏族羌族自治州	0.2182	19	0.0897	21	0.0291	21	0.0179	20
甘孜藏族自治州	0.1887	20	0.1540	19	0.3593	5	0.0000	21
凉山彝族自治州	0.3721	16	0.4483	11	0.2347	14	0.5179	9

依据表9-16分别讨论四川省各市地（州）的动力因子效用情况如下。

1. 成都市

成都市建筑业高质量发展中最活跃的两大动力因子分别是政策管理和市场规范，主要原因是成都市作为省会是建筑业高质量发展的重点城市，建筑业成为成都市的支柱产业。但其中行业发展、企业管理动力因子相对较弱。

2. 自贡市

自贡市建筑业高质量发展中最活跃的两大动力因子分别是企业管理和政策管理，此结果与近年来自贡市政府大力扶持建筑业发展和加大对科技创新、资质升级的资金投入产生的结果相匹配。虽然市场规范动力因子较为活跃，但行业发展动力因子的效用较差，这基本与自贡市的社会经济发展状况相吻合。

3. 攀枝花市

攀枝花市建筑业高质量发展中最活跃的两大动力因子分别是企业管理和政策管理，市场规范动力因子处于中等效用水平，行业发展效用最差。此情况基本与攀枝花市的社会经济发展状况和建筑业发展一致。

4. 泸州市

泸州市建筑业高质量发展中最活跃的两大动力因子分别是政策管理和市场规范。企业管理和行业发展动力因子处于中等效用水平。此情况基本与泸州市社会经济发展状况相吻合。目前，四川省政府性文件中阐明的重点工作之一就是将泸州市作为发展建筑业总部经济示范基地。

5. 德阳市

德阳市建筑业高质量发展最活跃的两大动力因子分别是政策管理和市场规范。这与德阳市作为四川省交通枢纽和中国重大技术装备制造业基地的地位相匹配。

6. 绵阳市

政策管理和市场规范是影响绵阳市建筑业高质量发展幅度最大的两个动力因子。这与绵阳市作为中国的科技城和成渝经济圈七大区域之一的地位相匹配。目前，绵阳市人民政府陆续颁布相关政策，加快推进装配式建设工程，预计到2021年装配率将达到35%以上。

7. 广元市

企业管理和政策管理是影响广元市建筑业高质量发展最大的两个动力因子，行业发展和市场规范动力因子效用最弱，基本与广元市的建筑业发展和社会经济发展状况相吻合。

8. 遂宁市

遂宁市建筑业高质量发展中最活跃的两大动力因子分别是企业管理和政策管理，经济发展和行业发展动力因子效用最弱。这与遂宁市政府着力打造建筑业品牌、提升其建筑企业实力相匹配。

9. 内江市

内江市建筑业高质量发展中最活跃的两大动力因子分别是企业管理和政策管理，市场规范动力因子较为活跃，行业发展效用水平较弱。这与内江市政府出台建筑业高质量发展意见中规定规范市场、加强监督和考核、培育龙头企业等措施相匹配。

10. 乐山市

企业管理和政策管理是影响乐山市建筑业高质量发展最大的两个动力因子，行业发展动力因子效用最弱，市场规范动力因子处于较高效用水平。这与近年来乐山市大力发展装配式建筑、海绵城市建设、地下综合管廊建设、工程建设领域开展保证保险工作试点等措施相关，是四川省近年参加改革试点最多的城市，同时也为建筑市场新一轮竞争发展提供了实践经验。

11. 南充市

南充市建筑业高质量发展中最活跃的两大动力因子分别是政策管理和市场规范，行业发展动力因子效用最弱，企业管理动力因子的效用处于较高水平，总体上与南充市建筑业当前情况和社会经济发展等状况相吻合。

12. 眉山市

眉山市建筑业高质量发展中最活跃的两大动力因子分别是企业管理和政策管理，行业发展动力因子效用最弱，市场规范动力因子处于中等效用水平。这与眉山市的建筑业高质量发展和社会经济发展等状况相匹配，其中2019年眉山市建筑企业特级资质实现“零突破”。

13. 宜宾市

宜宾市建筑业高质量发展中最活跃的两大动力因子分别是政策管理和市场规范，行业发展动力因子效用最弱，企业管理动力因子处于较高效用水平。四川省政府出台的建筑业政策性文件中也将宜宾市作为试点城市，将全面推进装配式建设发展作为重点工作。

14. 广安市

广安市建筑业高质量发展中最活跃的两大动力因子分别是企业管理和政策管理，行业发展动力因子效用最弱，市场规范动力因子效用处于中等水平。根据四川省政府出台的建筑业政策性文件，将全面推进装配式建设工程发展列为重点工作，以此推动建筑转型升级和高质量发展。

15. 达州市

达州市建筑业高质量发展中最活跃的两大动力因子分别是企业管理和市场规范，行业发展动力因子效用最弱，政策管理动力因子处于较高水平。四川省政府出台的建筑业政策性文件中将达州市作为建筑业总部经济的试点城市，同时达州市开始规范建筑市场，推动建筑业良性发展。

16. 雅安市

企业管理和行业发展是影响雅安市建筑业高质量发展最大的两个动力因

子，政策管理动力因子效用最弱，市场规范动力因子处于中等效用水平。这与雅安市实际发展状况相适应。

17. 巴中市

巴中市建筑业高质量发展最活跃的两大动力因子分别是企业管理和行业发展，市场规范动力因子效用最弱，政策管理动力因子效用处于中等水平。这与巴中市实际情况相匹配。

18. 资阳市

资阳市建筑业高质量发展最活跃的两大动力因子分别是企业管理和市场规范，政策管理和行业发展动力因子效用最弱。资阳市相继出台政策，鼓励企业做大做强、转型升级、扶持企业拓展市场，与资阳市实际情况大致相匹配。其中，政策管理动力因子较弱，这与资阳市出台一系列奖励政策等实际状况存在差异。

19. 阿坝藏族羌族自治州

阿坝藏族羌族自治州建筑业高质量发展中最活跃的两大动力因子分别是企业管理和政策管理，市场规范和行业发展动力因子效用最弱。2019年上半年，阿坝藏族羌族自治州建筑企业129家，同比增长38.7%，这与阿坝藏族羌族自治州实际情况大致相匹配。其中，行业发展动力因子较弱，这与总产值增速的实际状况存在差异。

20. 甘孜藏族自治州

甘孜藏族自治州建筑业高质量发展中最活跃的两大动力因子分别是企业管理和行业发展，市场规范动力因子效用最弱，政策管理动力因子效用处于中等水平。这与甘孜藏族自治州建筑业高质量发展和社会经济等状况相适应。

21. 凉山彝族自治州

凉山彝族自治州建筑业高质量发展中最活跃的两大动力因子分别是政策管理和市场规范，行业发展动力因子效用最弱，企业管理动力因子效用处于中等水平。因此，在凉山彝族自治州相关政策性文件中明确指出大力发展装配式建筑，积极推进技术创新，引进BIM技术，优化市场环境。

第五节　四川省建筑业高质量发展动力机制比较分析

通过对四川省21地市（州）建筑业高质量发展动力机制状况分析，将21地市（州）的发展动力机制进行了等级划分，其结果符合四川省建筑业高质量发展的总体发展情况和发展潜力。在分析四川省21地市（州）各动力因子活跃度的基础上，提出了四川省所有城市建筑业高质量发展的主要动力因子，并指明了各地市（州）建筑业的发展方向和研究方向。另外，通过比较各地市建筑业总产值与C_i值的排名，体现各个动力因子的作用力度，并对每个活跃动力因子的效用进行了观测分析。排名对比如表9-17所示，C_i分析图如9-4所示，总产值分析图如9-5所示。

表9-17　四川省21地市（州）建筑业总产值排名与C_i值排名比对表

样本	建筑业总产值（亿元）	产值排名	C_i 值排名	C_i 值	动力因子最活跃前两名
成都市	4959.55	1	1	0.7405	政策管理、市场规范
自贡市	311.23	12	10	0.3227	企业管理、政策管理
攀枝花市	219.34	16	16	0.2831	企业管理、政策管理
泸州市	1026.17	2	3	0.4967	市场规范、政策管理
德阳市	361.79	8	6	0.4328	市场规范、政策管理
绵阳市	568.67	5	2	0.4993	市场规范、政策管理
广元市	178.40	18	18	0.2145	政策管理、企业管理
遂宁市	330.88	11	14	0.3036	企业管理、政策管理
内江市	264.11	13	15	0.2970	企业管理、政策管理
乐山市	236.04	14	8	0.3705	政策管理、企业管理
南充市	766.33	3	4	0.4768	政策管理、市场规范
眉山市	343.67	10	11	0.3190	企业管理、政策管理
宜宾市	360.57	9	5	0.4453	政策管理、市场规范
广安市	525.13	6	9	0.3256	企业管理、政策管理
达州市	402.78	7	7	0.3988	企业管理、市场规范
雅安市	45.47	20	20	0.1177	企业管理、行业发展
巴中市	644.18	4	17	0.2484	企业管理、行业发展
资阳市	221.97	15	19	0.2139	企业管理、市场规范
阿坝藏族羌族自治州	19.33	21	21	0.0920	企业管理、政策管理

续表

样本	建筑业总产值(亿元)	产值排名	C_i 值排名	C_i 值	动力因子最活跃前两名
甘孜藏族自治州	141.02	19	13	0.3116	行业发展、企业管理
凉山彝族自治州	196.48	17	12	0.3124	市场规范、政策管理

注：建筑业总产值是指 2018 年四川省 21 地市（州）的建筑业总产值。

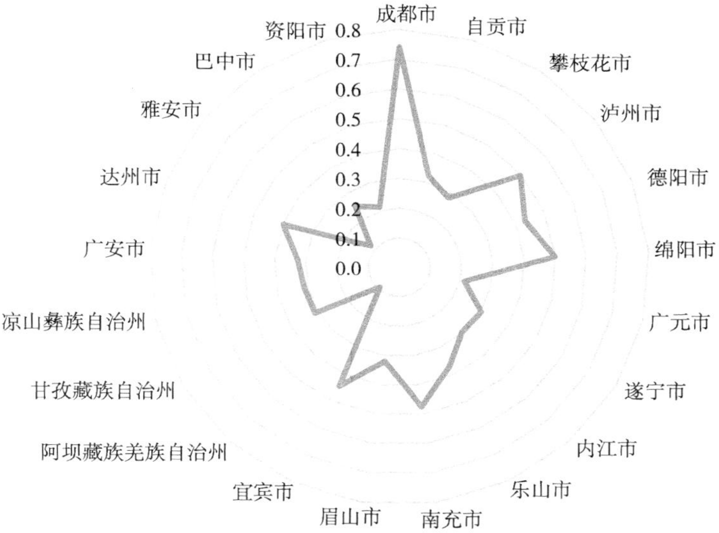

图9-4　四川省21地市（州）建筑业高质量发展最优接近度C_i值分析图

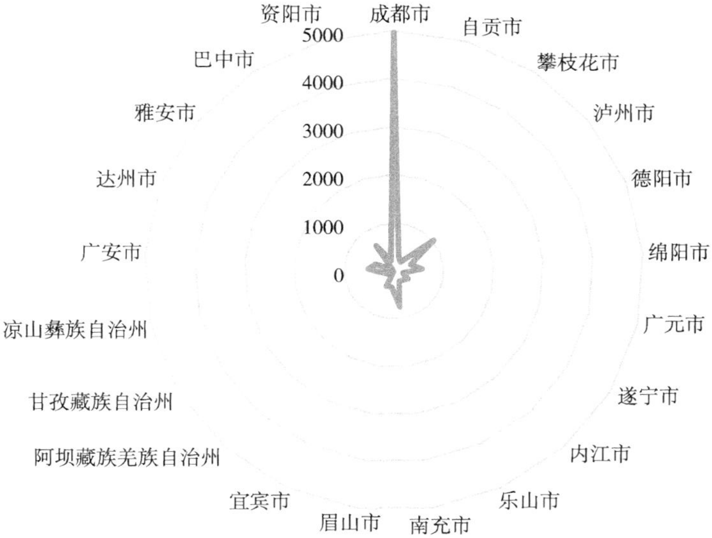

图9-5　四川省21地市（州）建筑业总产值分析图（亿元）

通过表9–17、图9–4和图9–5的观察分析可知：

第一，对四川省建筑业高质量发展动力机制运行态势利用TOPSIS法计算的C_i值排名与各地市（州）建筑业总产值实际次序基本一致。例如，四川省21地市（州）内包含有1个两两排序相同或基本一致的情况。

第二，从动力机制效用角度看，政策管理和企业管理对四川省建筑业高质量发展的作用是最明显的。例如，在四川省21地市（州）中最活跃的动力因子分别出现了16次、14次。

第三，建筑业高质量发展的整体趋势，能被企业管理动力因子快速转变。例如，巴中市和广安市在建筑业总产值排名与C_i值位次排列悬殊，企业管理动力因子在C_i值名次靠后的情形下，对建筑业高质量发展起到了较大的推动作用。

第十章
四川省建筑业高质量发展的原则与对策

第一节　建筑业高质量发展应坚持的原则

一、内生式发展原则

习近平总书记在十九大报告中指出，“我国经济已由高速增长阶段转向高质量发展阶段，正处在转变发展方式、优化经济结构、转换增长动力的攻关期”。在新的形势下，作为传统制造行业的建筑业，首先是遵循内生式发展的原则，始终坚持做大做强，不断地提升产品品质，弘扬工匠精神，实施产品精细化管理。通过对建筑产品的创新和对产业的转型升级，做好产品服务，促进建筑业可持续发展。四川省建筑业内生式发展原则主要体现在：

一是提升建筑产品品质。四川省建筑业要实现高质量发展，必须以提高供给质量标准为主要方向。突出“产品”品质属性，打造匠心产品。

二是强化企业内部管理。建筑企业不论是国企还是民企，不论是独资还是股份制企业，重点都要强化内部管理。企业要想持续发展，就要通过加强内部管理，完善运营机制，实现降本增效，提高企业管理效率，增强企业市场竞争能力实现。

三是推广绿色建造方式。传统建造方式能耗大，环境污染严重，生态环境保护和经济发展二者的矛盾日益突出，大力推进绿色建筑、绿色建造、绿色施工、绿色建材，降低建筑消耗，减少环境污染，也是行业发展的必然趋势。随着对生态环境保护的要求不断提高，建筑业应在绿色节能环保方面采取措施。

四是继续推动建筑企业转型升级。传统模式下建筑企业是按图施工的承包商，建筑企业应适应行业发展加快其转变为综合建设服务商。在这一过程中，需要同时做好提供产品和良好的服务工作，并将安全性、功能性、舒适性和美观性的客户需求贯穿在整个项目实施的全过程中。

二、国际化发展原则

"一带一路"倡议给每个行业都带来了发展机遇，"走出去"是我国各行业参与国际市场竞争的重要途径，是实现持续发展的必然选择。我国建筑业目前对国际市场缺乏深刻的认知和全面的把握，不熟悉国际惯例和通行规则。鉴于此，实施"走出去"战略，才能走好国际化的发展之路。

一是要坚定不移地"走出去"。建筑业应当把国际化作为其长期发展战略，构建相适应的海外发展管理平台，推动管理体系、企业文化和人才聚集的国际化发展。合理地增加各种海外资源的分配比重，优先供给人力、物力和财力。与此同时，坚持"有所为、有所不为"的策略，坚持比较优势、差异经营，依法合规经营，维护企业品牌形象。

二是要持续不断地"走下去"。建筑业中的主体走出国门，必然会遇到各种各样的问题和困难，只有长期坚守，持续耕耘，才能有所收获。

三是"走进去"，要融入当地，深耕细作。我国建筑业中的企业"走出去"要实施"属地化"策略，与当地社会实现深度融合，熟悉当地的政策制度、社会环境、经济环境和市场交易规则。也可以通过实施海外并购，快速拓展海外市场，引进海外管理经验、科学技术、人才资源，使运营管理与市场需求更加匹配，不断提升国际竞争力。

四是"走上去"，要走上国际竞争的高端市场。要积极研究世界一流的先进技术、先进管理，关注国际高端市场，承揽当地市场上具有重大影响力、标志性项目，打造世界一流的"中国建造""中国品牌"。有效对接金融和产业资本，立足于全球资源，探索多种融资模式。

三、创新型发展原则

创新是建筑业的生命之源，是建筑业可持续性发展的法宝。建筑企业作为市场竞争的主体，只有坚持锐意改革和不断创新才可以实现可持续发展。建筑业的创新体现在以下四个方面。

一是技术创新。技术创新主要是指建造技术的创新与创造，以及新材料和新技术的应用等。建筑企业应不断吸取国内外的先进技术，不断加大技术研发和应用的投入，大力推行节能环保、低碳和高效的绿色建筑。

二是管理创新。管理创新主要是指建筑企业在经营管理、生产组织方式和运行机制等方面的创新，使建筑企业在新形势下，进行高质量发展和供给侧结构性改革。

三是商业模式创新。商业模式创新被认为在市场竞争中比管理创新、技术创新更为重要，未来企业间的竞争将不可逆转地进入“商业模式”的竞争。建筑企业应引入新的管理理念及运作方式，创新商业模式，从而实现效益提升。

四是体制机制创新。建筑业走好创新之路，还必须进行体制创新。目前，我国建筑业虽然经历了四十年改革发展历程，但在行业管理体制上仍然存在许多问题，如制度不完善，市场不规范，行政无边界等，这些都制约着社会生产力的发展和提高，需要不断进行改革创新。

四、人才优先发展原则

我国现阶段建筑业人才制度主要存在以下问题：高素质的技术工人在城市落户和社会福利等方面的政策措施难以落地，对工人的技术培训体系不健全等。由于建筑产品和相应的服务主要取决于从业人员的水平，需要在建筑从业人员中培育和弘扬“工匠精神”。“工匠精神”不仅需要长期沉淀，而且还需要建立一套行之有效的长效机制。因此，走建筑工人产业化发展之路是一种必然选择。

一是提倡工匠精神，不断优化高技能人才成长的社会环境。尤其在典型企业和人才方面，积极应用新媒体，将“推动式”宣传转化为“主动式”宣传，进而真正做到扎根于民心，践行工匠精神，不断优化高技能人才成长的社会环境。

二是建立工匠辈出的长效机制。加强政策引导力度，将供给侧结构性改革落到实处。为了确保全面实施“中国制造2025”战略，我国提出了提品质和创品牌等具体措施。完善技术评估和评价体系，相关部门应创立科学合理的“工匠人”职业发展通道。

三是要提高工匠群体素质。加强对技术工人的培训，着力提高建筑工人的技能水平。发挥政府、企业、个人和社会相关主体的积极性，由主管部门牵头，建立覆盖面广、要求标准高、机制优化的技术工人培训体系。

四是优化工匠管理的体制机制。改革城乡二元结构体系，加快农民工市民化的进程，并消除农民工融入城市的障碍，如户籍、就业、住房、就医、社保、子女入学等。在政策上优先考虑一定工作年限和高技能人才的市民化，提高建筑工人待遇，让建筑工人与市民享受同等待遇。①

五、信息化发展原则

习近平总书记指出，“信息化为中华民族带来了千载难逢的机遇”。人类文明自进入工业革命以来，“信息互联技术”具有重要作用。“互联网+”概念提出之后，信息技术在各行业的应用不断加快。现阶段我国建筑业信息化水平较低，个体差异较大。据统计，目前实现企业层面信息集成应用的只有少数大中型建筑企业，大部分建筑企业则处在部门级信息集成应用的水平（即企业信息化2.0）。

建筑企业信息化建设中面临诸多困难，比如建筑企业管理、各业务系统之间的阻碍和业财资税之间的“数据篱”等。为了实现建筑业信息化水平的突破和飞跃，需要解决以下问题。

一是要克服IT产品与建筑企业管理之间的困难。将建筑企业的运营管理逻辑互联网平台化，将信息互联技术和企业管理进行深度融合，实现企业管理数字化和精细化。建筑企业信息化管理的前提是厘清其运营管理的逻辑，使管理与技术深度融合，提高建筑企业的管理效率和社会生产力。

① 刘红薇会长出席首届世界会计论坛暨第十三届中国CFO大会[J].中国管理会计，2018（2）：114–115.

二是打破信息障碍，进行规范化管理。建筑企业应适应信息技术的发展，结合建筑业现有的基础，制定信息化标准规范体系，进行规范管理，增强建筑业信息化发展能力。由于建筑行业具有特殊性和多样性的特点，在进行规范化管理时，不仅要重视管理行为的标准化，还应重视管理语言的标准化，形成统一的管理语言，为管理与信息技术深度融合打下坚实的基础。

信息互联技术的应用是一场伟大的革命。建筑业应稳步推进信息化建设。如果建筑企业忽略信息化建设就会落后，谁拥有信息互联技术谁就拥有未来。①

第二节　建筑业高质量发展的主要对策

推进四川省建筑业高质量发展，应摒弃传统建筑业由外生力量为主导的、过于行政化的、失衡的动力机制，从政府行动力、产业发展动力、市场环境动力、经济发展动力四个方面积极构建协调机制，在内部和外部力量共同协调驱动下稳步推进四川省建筑业的高质量发展，从而确保在达到经济发展目标的同时，实现建筑业的全面发展。

一、优化政府行动力

建筑业高质量发展是一个综合性的系统工程，包含政治、文化、社会、经济、生态等多个领域，需要依靠政府宏观上的正确指引。四川省应加快转变政府职能，规范政府行为，发挥政府在市场失灵下调配资源的作用。通过深化简政放权，创新监督管理方式，增强政府公信力和执行力。

1. 优化政绩考核机制

推进四川省建筑业高质量发展，需要改善过去地方政府和行政人员唯GDP的绩效观，要不断健全、完善、改进相关人员绩效考核机制，不仅能确

① 戴涛. 江苏省产业结构调整对经济增长影响的研究[D].南京：南京航空航天大学，2019.

保各级政府和有关部门推进工作的速度和效率，还可以全面准确地衡量建筑行业的高质量发展成果。针对经济建设评估方面，首先要评估经济指标的绝对数量和增长值，如人均GDP、考核GDP、财政收入等；其次在评估具体内容中还包含基础设施改善投资。对社会建设考核方面，评估社会公众从建筑业高质量发展成果中感受到的生产生活品质的提升。在生态文明建设考核方面，有效推进建筑业高质量全面健康的发展，将每个指标科学地融为一体形成政绩考核体系，如在建筑过程中衡量污染物排放率、单位GDP资源利用率、单位GDP能耗、要素投入成本对生态环境影响状况。

2. 合理做好产业发展规划

要加强四川省建筑业高质量发展科学规划，在多个环节上引起重视，其中主要包含筹划、连接、实施，切实提高规划的指导性。在着力制定建筑业高质量发展规划方面，首先要尊重建筑业发展规律，将长期和短期、整体和局部规划相结合，保障规划的清晰性、层次性及定位上的明晰性。其次要积极构建和优化政府组织、部门合作、公众参与和委员会决策的建筑业高质量发展的决策机制。在规划连接方面，在社会发展的总体规划中纳入建筑业高质量发展规划，全面实现“多规合一”。在规划的执行方面，要保证规划的权威性、合法性、稳定性，针对规划进行严格管制，不断加强对规划的监督。最后要保障规划能科学、规范、高效的运行，就需要对规划的管理体系和运行机制进行优化。

3. 推进精细化管理

鉴于建筑业高质量发展过程中出现的粗放管理、运营效率低下等问题，四川省要大力推进建筑业高质量发展的精细化管理，保持网络化、科学化、规范化、标准化，不仅能促进建筑业高质量发展，还能实现建筑业的高效运行。

（1）推进建筑业高质量的标准化管理。主要涉及三个方面：管理内容上形成标准化体系，主要包括业务管理、行政审批、业务作业等环节；管理执法上形成标准化体系，主要包括行政强制、行政处罚、队伍建设、执法督察、行政规范等内容；管理综合考核上形成标准化体系，主要包括以外部社会考核和内部业务考核为主要内容。

（2）促进建筑业高质量的科学化管理。要达到建筑业高质量发展的预期目标，需要完善建筑业高质量发展规划、建设和运行，从而带动各个环节和要素的发展与配合；保障建筑业高质量运行、控制、服务三方面有效运行，实现合理化、精细化、高效化的管理。

（3）完善建筑业高质量的网络化管理。通过采用科学的手段对建筑业高质量发展的管理空间、领域进行合理划分，为达到促进建筑业高质量管理网格化的目的，将建筑业高质量管理内容、对象、空间等划分为网格单元。在网格化的基础上，有效利用互联网、大数据等信息技术，构建先进的网络信息系统，加快建筑业高质量发展的数字信息平台搭建。此外，为了提升相关部门发现、响应、处理和解决问题的效率，要对建筑业高质量相关的管理信息资源进行整合，并对管理数据库进行统一管理，使构建的网络信息平台集多项功能于一身，且具有纵横交错的特点。

（4）加强建筑业高质量标准化执行管理。首先，高度重视建筑业高质量管理团队的建设，在不断地培训和学习中得到加强；其次，要坚持依法管理，杜绝不良执法行为的发生，规范执法行为，建立完备的建筑业高质量管理相关的法规和制度；最后，要推动、促进、指导建筑业高质量管理能沿着标准化的道路前进，需要改善建筑业高质量管理监督评估机制，建立奖惩制度，科学客观地对绩效情况和问题处理情况进行考核评价。

二、以现代化建设增强产业发展动力

加强建筑业现代化建设，破解建筑业高质量发展面临的市场、资源、环境等约束，构建现代建筑业产业体系、生产体系、经营体系，促进四川省建筑业向高质量转型。在业态上，四川省要根据各地实际情况，制定办法以达到促进建筑业的现代化发展的目的。例如，为了促进建筑产业现代化，在明确地质结构、自然条件、区域经济水平、技术状况、市场需求等实际情况的基础上，制订科学合理的实现途径及计划，按批次、照方案促进PC结构、钢结构、钢筋混凝土结构、轻钢龙骨结构、木结构等的应用。

构建科学合理的高质量发展构架，必须打破行政区域限制，加速建设建筑产业现代化生产基地。针对工业领域，要大力引入和开展新型产业，积极推进新型工业化的发展，特别是面临相对较弱的工业基础，四川省各个市区应加强调整、改造、提升传统产业升级。针对资源领域，提高建筑业产业效益，充分利用资源，大力推进产业高端化。推进四川省所有地市建筑业的发展，要加速其转型升级，提升技术含量和劳动生产率，针对战略性新兴产业要大力培育和发展。

三、尊重建筑市场规律

在建筑业高质量发展过程中，四川省各地区应尊重市场规律，更好地发挥市场在资源配置中的决定性作用。

第一，深化对建筑市场的监管，规范市场秩序。比如，根据国家和相关部门对建筑行业的规定，工程项目招投标是建筑市场的源头，四川省各地区应结合实际情况，要在短时间之内出台符合各区域的建设工程招投标管理办法，主要针对招标文件进行修改和完善。加强项目招投标的规范化管理，建立健全完备的法规制度和监管体系，防治其间可能出现的违规违法行为。构建透明、公正、及时、完整的信息披露机制，完善监管机制以及交易流程，形成良好的建筑交易市场氛围。

第二，加强对建设投资的管理力度，明确投资内容，并对建设单位执行的过程进行严格控制。及时调整与计划不相符的实际内容，并且在政策制定方面要明确风险范围。比如，对主要材料价格的上下浮动范围进行明确的规定。构建完备的项目投资信息系统，在系统中及时公开发布不同种类项目价格信息指数等，设立动态调整制度，设立市场计价标准，执行竣工结算备案机制，对项目工程结算款项进行严格管理。

第三，在行业诚信水平方面，通过加快信用体系建设提升行业发展效果。①营造良好的诚信环境，坚持建筑市场诚信体系建设，推动建设主管部门启动诚信平台建设，调动社会各方的积极性。②实现各地区信息平台间的相互联系，进一步完善建筑市场信息平台的建设，从而达到信息交流、互用和互认的目的。③保护正常合法的交易利益，建立和完善建筑市场各方主体的综合信用评价机制，并且对失信行为加大管理、举报、跟踪和警示，形成记录和信用档案。④保障建筑市场各方主体能依法诚信经营，自觉维护信用荣誉。

对建筑市场主体行为需要通过法律手段进行规范和限制，并且建立各方责任主体的诚信标准，建立健全诚信机制和失信惩罚机制。⑤增强动态信誉监督在各大市场主体中的执行力度，对建筑市场中的违法违规行为进行严格核查和惩处，建立公平的市场竞争体系。

第四，打造开放型资本要素市场。建筑业高质量发展需要投入大量的人力、物力和财力，需要全面打通企业内部和外部两种资金来源渠道，营造开放的市场关系和准入环境，并拓宽多种投资、融资形式。目前，四川省各地市（州）的建筑业高质量发展资金来源占比差距较大，主要是来自政府投资、社会融资两方面，故针对四川省建筑业高质量发展的投融资问题，需提高资金投入的投融资占比，依据“谁投资、谁收益”的基本规则，加大对建设项目的市场化运营，以此吸引资本持有者对建筑业高质量发展领域的投入。

四、优化市场环境

我国经济已由高速增长阶段转向高质量发展阶段，为建筑业高质量发展带来了前所未有的机遇。发展四川省各地市（州）的建筑业，必须打破封闭的行政区域界限，树立全域视野，推动要素引进与整合，把引资、引技与引人、引智相结合，只有将单一引进方式转变为综合引进方式，才能提高引进外资的质量和效益。不断完善合作交流机制以及合作平台，充分发挥区域特色优势瞄准产业发展的方向和趋势，实现产业配套改革，促进产业集群化和链条化发展。因此，加速体制创新步伐、优化市场环境可通过市场负面清单的建立等手段解决，为各类要素在四川省各地区的聚集营造法治化、公正高效的市场环境。

参考文献

［1］王昊亮. 中国建筑业产业组织演变研究[D]. 北京：清华大学，2004.

［2］金玲. 基于自组织理论的建筑业系统演化发展研究[D]. 哈尔滨：哈尔滨工业大学，2007.

［3］陈琳彦. 中国建筑业细分产业结构演化研究[D]. 郑州：郑州航空工业管理学院，2017.

［4］陆歆弘. 中国建筑业成长发展轨迹与增长影响因子研究[D]. 西安：西安建筑科技大学，2003.

［5］赵振宇，马旭. 改革开放40年工程建设事业改革发展总览[J]. 施工企业管理，2018（11）：33–36+15.

［6］鲁贵卿. 新中国建筑业的七十年回望[EB/OL]. https：//www.sohu.com/a/286411519_667714.

［7］方丽华. PPP项目的合同风险和防控措施[J]. 住宅与房地产，2019（12）：102–103.

［8］陈后润. 2018年建筑设计行业细分市场概况与发展趋势分析 商办建筑设计市场增长乏力【组图】[EB/OL]. https：//www.qianzhan.com/analyst/detail/220/190220-4e37312c.html，2019–2–21.

［9］付勇生. 国际工程承包市场企稳向好：2018年度ENR全球最大250家国际承包商业绩解读[J]. 建筑，2018（23）：26–29.

［10］王亲玲. 在高质量发展中谱写追赶超越新篇章[N]. 陕西日报，2019–11–11.

［11］雷璟思. 现代化经济体系是建设社会主义现代化强国的坚实基础和根本要求[J].《资本论》研究，2019（15）：109–117.

［12］袁正刚. 建筑企业的数字化转型之路[J]. 施工企业管理，2019（2）：38–40.

［13］张歆. 构建新型标准体系助力轻工行业高质量发展的实践与探索[J].

中国照明电器，2019（10）：1–3.

［14］修龙. 新时代实现建筑业高质量绿色发展的思考[J]. 建设科技，2018（24）：15–18.

［15］国家统计局投资司. 建筑业持续快速发展 城乡面貌显著改善：新中国成立70周年建筑业发展成就[J]. 中国勘察设计，2019（10）：15–18.

［16］商业文化编辑部. 人民之选 质量强国：2018中国质量高峰论坛演讲实录[J]. 商业文化，2019（1）：15–23.

［17］毛志兵. 科技创新引领建筑业发展迈入新时代[J]. 江苏建筑，2019（1）：1–4.

［18］马健峰. 2019年建筑业的机遇与挑战[J]. 施工企业管理，2019（2）：32–34.

［19］季晓磊. 深入学习贯彻习近平新时代中国特色社会主义思想决胜全面建成小康社会夺取新时代中国特色社会主义伟大胜利[J]. 中国经济周刊，2017（41）：2+1.

［20］吕仙. 企业大学构建探析：以G公司企业大学为例[J]. 现代企业，2019（12）：123–124.

［21］陈建奇. 经济工作重在“五个坚持”[N]. 学习时报，2019–08–21（002）.

［22］刘江宁. 关于中国经济发展进入新时代的研究[J]. 经济研究参考，2019（12）：6–17.

［23］李梦琪. 新时代马克思主义意识形态安全问题研究[D]. 焦作：河南理工大学，2018.

［24］朱平儿.“评定分离”制度再思考[J]. 招标采购管理，2019（8）：38–40.

［25］罗晓蓉. 新时代提升城市社区志愿服务制度化的思考[J]. 经济师，2019（2）：9–10.

［26］顾新辰.“城市双修”理念下的旧城复兴探索：以贵定大小十字街区为例[J]. 现代物业（中旬刊），2018（11）：162.

［27］闫志俊. 制造企业绩效评价系统的构建[J]. 南通纺织职业技术学院学

报，2007（4）：79–83.

［28］赵建军，郝栋. 企业低碳化发展的科技创新之路[J]. 电焊机，2011，41（2）：1–5.

［29］池仁勇，唐根年. 基于投入与绩效评价的区域技术创新效率研究[J]. 科研管理，2004（4）：23–27.

［30］刘汉迪. 辽宁省房地产业与建筑业景气指数波动及关系研究[D]. 沈阳：沈阳建筑大学，2017.

［31］范建双，虞晓芬. 建筑业全要素生产率增长与区域经济增长的耦合效应分析[J]. 经济地理，2012，32（8）：25–30.

［32］王明丽，冯斌. 基于鱼骨图分析的装配式建筑安全隐患要点剖析[J]. 建筑安全，2019，34（6）：47–51.

［33］金东鑫. 基于DEA数据包络分析的甘肃省建筑业效率评价[D]. 兰州：兰州交通大学，2014.

［34］胥瑶. 基于改进物元可拓模型的建筑业区域发展水平评价[D]. 西安：西安建筑科技大学，2016.

［35］郑管元. Y小额贷款公司企业客户信用评价指标体系研究[D]. 杭州：浙江理工大学，2019.

［36］朱瑞华. 基于AHP方法的建设工程项目后评价指标体系实证研究[D]. 成都：西华大学，2017.

［37］周旭. 区域建筑业可持续发展评价研究[D]. 哈尔滨：东北林业大学，2013.

［38］辛同. 浙江省与重庆市建筑业生产效率水平及影响因素比较研究[D]. 重庆：重庆大学，2017.

［39］马举. 基于人均水平的山东省建筑业DEA效率评价研究[D]. 青岛：青岛理工大学，2018.

［40］叶贵，唐笑宇，王玉合. 建筑业科技创新能力评价指标体系及其应用[J]. 建设管理研究，2019（1）：64–76.

［41］杨中宣，杨洋洋. 基于SPSS的河南省建筑业发展影响因素分析[J]. 工程经济，2016，26（10）：52–55.

［42］杨佩卿. 西部地区新型城镇化发展目标、动力机制与绩效评价研究[D]. 西安：西北大学，2017.

［43］张金梅. 提高订单准时交付率的途径：以中航锂电公司为例[J]. 管理观察，2014（21）：91–92.

［44］李凌，刘建永，付成群. 综合网络DEA模型有效性理论分析[J]. 系统工程，2010，28（1）：53–57.

［45］石晓. 网络DEA理论方法与应用研究[D]. 合肥：中国科学技术大学，2016.

［46］于晓胜. 煤炭企业绿色物流的动力机制及绩效评价研究[D]. 焦作：河南理工大学，2016.

［47］李爱彬. 煤炭绿色物流系统构建与优化研究[D]. 徐州：中国矿业大学，2012.

［48］鲁贵卿. 培育工匠精神促进企业提质升级[J]. 建筑，2016（7）：23–24.

［49］于晓胜. 政府与食品企业实施冷链物流的博弈分析[J]. 统计与决策，2019，35（1）：52–57.

［50］孙忠成. 建筑施工企业的高质量发展之路：施工企业深层次发展问题与建议之九[J]. 施工企业管理，2018（9）：110–111.

［51］陈谦. 新时代背景下实现建筑央企高质量发展的思考[J]. 金融经济，2019（14）：40–41.

［52］袁媛，王孟钧. 基于核心竞争力的建筑企业文化建设[J]. 现代管理科学，2006（3）：78–79.

［53］鲁贵卿. 新时代建筑业的高质量发展之路[J]. 施工企业管理，2019（2）：25–29+15.

［54］鲁贵卿. 回望七十年来时路，共创建筑业高质量未来[J]. 建筑，2019（2）：12–19.

［55］申洲. 基于核心竞争力的建筑企业文化建设研究[D]. 济南：山东建筑大学，2013.

［56］王友群，吴永. 谈信用文化在银行信用风险管理中的作用[J]. 常熟理

工学院学报，2005（5）：36–37.

［57］傅晓武. 浅议基于核心竞争力的煤炭企业特色企业文化建设[J]. 东方企业文化，2012（24）：61,66.

［58］马跃龙. 需全社会共同努力[J]. 施工企业管理，2019（1）：85–86.

［59］杨爱东. 浅谈施工企业和谐项目建设[J]. 现代经济（现代物业下半月刊），2008（11）：75–76.

［60］李佳颖. 谱写高质量发展的壮美画卷：新中国成立70周年广西经济社会发展成就综述[J]. 当代广西，2019（19）：26–27.

［61］陶维新. “文化因子”对企业战略管理的影响[J]. 武汉工程职业技术学院学报，2019，31（2）：50–52.

［62］马兆胜. 浅议建筑施工安全文化建设[J]. 建筑安全，2008（3）：31–33.

［63］王艳飞. 大国工匠精神引领下建筑工程“工—员—师”人才递进式培养路径探究[J]. 南宁职业技术学院学报，2019，24（5）：65–67.

［64］王会会，周溪召. 惩罚机制下企业进行碳减排投入演化博弈分析[J]. 上海工程技术大学学报，2019，33（2）：164–171.

［65］孟司雨. 基于博弈论视角下的上市公司财务报表造假行为研究[J]. 商场现代化，2018（24）：126–127.

［66］杨艳萍，刘宇宸，刘威.基于委托代理的供应链质量管理激励策略[J].物流科技，2008（2）：99–101.

［67］项勇，郑茂，代天卉. 我国建筑业高质量发展动力因素及影响机理研究[J]. 建筑经济，2019，40（12）：15–20.

［68］马先睿. 基于“智慧”+“力量”模型的中国城市化动力机制及其评价研究[D]. 重庆：重庆大学，2016.

［69］孙继德，郑冕，傅家雯. 新时代建筑业高质量发展的内涵与政策建议[J]. 建筑经济，2019，40（5）：5–9.

［70］子晨. SSGF：打造中国特色的高质量建造体系[N]. 中国建设报，2018–08–22（005）.

［71］王银泉. 创新驱动发展战略与新时代外语人才创新能力培养对策[J].

当代外语研究，2018（6）：81-91,105.

［72］刘红薇会长出席首届世界会计论坛暨第十三届中国CFO大会[J]. 中国管理会计，2018（2）：114-115.

［73］戴涛. 江苏省产业结构调整对经济增长影响的研究[D]. 南京：南京航空航天大学，2019.

［74］李慧. 供应链运营稳定性评价研究[D]. 北京：北京交通大学，2012.

［75］杨林瑶，王帅，王涛. 新时代强军目标实现要素计算实验分析[J]. 指挥与控制学报，2019，5（1）：31-40.

［76］李乔漳. 广西沿边金融综合改革试验区建设成效评价及对建设面向东盟金融开放门户的启示：以钦州市为例[J]. 区域金融研究，2019（10）：20-25+34.

［77］年四锋. 基于TOPSIS法的区域旅游发展动力机制研究[D]. 合肥：安徽大学，2011.

［78］刘伟. 浅议大型建筑企业的管理组织模式[J]. 黑龙江科技信息，2011（26）：119.

［79］邓晓芳，刘海萍，郝生跃. 上市建筑业企业多元化经营与经济绩效关系实证研究[J]. 工程管理学报，2014，28（1）：128-132.

［80］纪翔. 营口市公安局微信公众号运营管理调查研究[D]. 大连：大连理工大学，2018.

［81］罗磊. 对电信市场的满意度分析[J]. 企业科技与发展，2019（5）：186-188.

［82］邹文彬. NCGL汽车服务有限公司客户满意度研究[D]. 成都：电子科技大学，2018.

［83］魏爱敏. 我国建筑业发展的差异性分析[D]. 广州：华南理工大学，2010.

［84］范建双. 中国建筑业大型承包企业绩效的测度研究[J]. 土木工程学报，2011，44（10）：124-131.

［85］吴文宪，李启明，李先光. 建筑业劳动生产率国际比较研究[J]. 重庆建筑大学学报，2007（6）：136-140.

[86] 方卓. 政策过程视角下F村精准扶贫一户一法策的实践分析[D]. 北京：北京工业大学，2018.

[87] 谢晓波，周胤. 关于建立创新型动漫人才管理模式的研究[J]. 网络与信息，2011，25（7）：15.

[88] 那佳. 中等职业学校领导班子和领导干部考核机制研究[D]. 广州：华南理工大学，2012.

[89] 刘葭妮. 府际合作背景下行政领导考核机制的优化举措[J]. 法制博览，2019（34）：14–17.

[90] 张保伦. 农机化质量监督工作掣肘因素分析[J]. 农机质量与监督，2019（1）：25–26.

[91] 曾军梅. 传统文化在综艺节目中的再现与创新：以《上新了·故宫》为例[J]. 中国电视，2019（9）：105–108.

[92] 吴云鹏. 基于语义本体分析的轻型建筑研究[D]. 合肥：合肥工业大学，2018.

[93] 张祯楠. 基于子空间技术的复杂结构柔度识别与性能评估[D]. 南京：东南大学，2018.

[94] 曹志勇. 追忆我的恩师陈振基[J]. 住宅与房地产，2018（35）：53–55.

[95] 张慧祺，彭涛. 建筑工业化时代的成本管理体系建设研究[J]. 住宅与房地产，2019（18）：40–41.

[96] 卿云鹏. 重庆市通用动力机械行业创新能力浅析[J]. 电子制作，2013（18）：196.

[97] 赵兴宇. 关于国家审计视角下我国企业科技创新策略研究[J]. 中外企业家，2019（21）：148+152.

[98] 李颖. 碧桂园倡导“绿科技”自主研发高质量建造体系[J]. 中国质量万里行，2019（8）：31–33.

[99] 桂宾. 我国建筑业总产值与GDP关系的计量经济学研究[J]. 知识经济，2013（15）：74+80.

[100] 张健. 河北省建筑业经济增长影响因素研究[D]. 石家庄：河北经贸大学，2016.

［101］高芷岘. 土木工程信息检索[J]. 情报探索，2008（5）：64-66.

［102］杨玙榕. ZX银行私人银行业务发展策略研究[D]. 昆明：云南大学，2017.

［103］应志坚. 论强化大学生创业教育“三个意识”的培养[J]. 常州信息职业技术学院学报，2019，18（2）：78-80.

［104］孙茂龙，任思晗，任继勤. 塑料制品行业发展现状及研究[J]. 化工管理，2013（3）：46-49.

［105］刘伟. 大型建筑企业的三层次组织模式分析[J]. 基建管理优化，2010，22（4）：2-6.

［106］牛丽云. 工程项目管理模式的演进与工程公司组织机构的构建[D]. 重庆：重庆交通学院，2004.

［107］焦晓娟. 我国石化行业国际工程承包企业竞争力分析[D]. 北京：对外经济贸易大学，2017.

［108］葛虹，黄祎. 并形系统的3种网络DEA模型与应用选择[J]. 系统管理学报，2010（2）：197-203.

［109］RENNINGS K EAMMERC. The impact of regulation driven environment a innovation on innovation success and firm performance[J]. Industry and Innovation, 2011，18（3）：255-283.

［110］SUJ，LIUJ. Exploring critical factors in China’s manufacturing technology innovation：based on a case study from CNR Dalian[J]. Journal of knowledge-based innovationin Chinese，2012，4（2）：104-117.

［111］A. CHARNES，W W COOPER，Q L. Wei，Z.M. Huang，Cone ratio data envelopment analysis and mufti-objective Science[J]. International journal of systems，1989（20）：1099-1118.

［112］Y B YUN，H. NAKAYAMA，T. TANINO. A generalized model for data envelopment analysis[J] European journal of operational research，2004（157）：87-105.

［113］C R. JAHANSHAHLOO，F. HOSSEEINZADEH，N. SHOJA，G.TOHIDI，S. RAZAVYAN，A method for detecting influential observations in radial DEA models[J]. Applied mathematics and computation, 2004 (147): 415-421.

[114] TOMOE ENTANI, YUTAKA MAEDAAND HIDEO TANAKA. Dual models of interval DEA and its extension to interval data[J]. European journal of operational research, 2002 (136): 32-45.

[115] CHARNES A, COOPER W W, RHODES E. Measuring the efficiency of decision making units[J]. European journal of operational research, 1978, 6 (2): 429-444.

附录A

附录A　四川省建筑业高质量发展效果评价体系专家意见征询表

尊敬的专家：

您好！

目前，课题组正在进行“四川省建筑业高质量发展绩效评价与动力机制研究”课题研究。本问卷调查主要目的是构建四川省建筑业高质量发展效果评价的指标体系。请您在认为合适的指标选项后画“√”，并回答相关问题。完成本问卷大约需要占用您5分钟的宝贵时间，非常感谢您的支持与配合。

一、您的基本信息

工作单位：行政主管部门（　　）　　　高校/科研院所（　　）

企业单位（　　）　　　社会专业人士（　　）

工作岗位：　　　　　　　　职称：

二、四川省建筑业高质量发展效果评价指标的筛选

四川省建筑业高质量发展效果评价体系包括定量指标和定性指标，具体详见下表内容。请您在认为合适的因素旁画“√”。

指标类型	一级指标	二级指标	是否合适及建议
技术创新	投入（I）	技术装备率	
		动力装备率	
	产出（O）	建筑业总产值	
		劳动生产效率	
运营管理	投入（I）	固定资产投资额	
		建筑业从业人数	
	产出（O）	建筑业施工面积	
		利润总额	

指标类型	一级指标	二级指标	是否合适及建议
社会因素	投入（I）	建筑业从业人数占社会就业人员比重	
		房屋建筑施工面积	
	产出（O）	社会人均总产值	
		固定资产投资增长率（%）	
		建筑业增加值	
经济因素	投入（I）	产值超千亿元企业	
		建筑业占 GDP 比重	
	产出（O）	建筑业总产值年增长率（%）	
		人均利润（元/人）	

附录B

附录B　四川省建筑业高质量发展效果评价指标重要性调查问卷

尊敬的专家：

您好！

目前，课题组正在进行“四川省建筑业高质量发展绩效评价与动力机制研究”课题研究。本问卷调查主要目的是构建四川省建筑业高质量发展效果评价的指标体系。本调查旨在了解四川省建筑业高质量发展效果评价指标体系构建的情况，调查结果仅供学术研究使用。完成本问卷大约需要占用您5分钟左右的宝贵时间，非常感谢您的支持与配合。

一、您的基本信息

工作单位：行政主管部门（　　）　　高校/科研院所（　　）

企业单位（　　）　　社会专业人士（　　）

工作岗位：　　　　职称：

二、建设工程项目后评价指标体系判断

下表涉及四川省建筑业高质量发展效果评价指标体系，问卷左侧是评价的指标，右侧是对每项指标重要性的评分。请您根据您的理解，对每项指标的重要程度进行判断，请您在认为最合适的选项中画“√”。

本问卷采用5分法进行调查，从1～5重要程度逐渐增加，详细评价尺度如下：

5分	4分	3分	2分	1分
很重要	重要	一般重要	不重要	很不重要

指标类型	一级指标	二级指标	重要性
技术创新	投入（I）	技术装备率	
		动力装备率	
	产出（O）	建筑业总产值	
		劳动生产效率	
运营管理	投入（I）	固定资产投资额	
		建筑业从业人数	
	产出（O）	建筑业施工面积	
		利润总额	
社会因素	投入（I）	建筑业从业人数占社会就业人员比重	
		房屋建筑施工面积	
	产出（O）	社会人均总产值	
		固定资产投资增长率（%）	
		建筑业增加值	
经济因素	投入（I）	产值超千亿元企业	
		建筑业占 GDP 比重	
	产出（O）	建筑业总产值年增长率（%）	
		人均利润（元 / 人）	

附录C

表附1　2018年四川省投入产出指标数据表

地区	指标							
	技术装备率（元/人）	动力装备率（千瓦/人）	建筑业总产值（万元）	劳动生产效率（元/人）	固定资产投资额（万元）	建筑业从业人数（万人）	建筑业施工面积（万平方米）	利润总额（万元）
成都市	7477	4.22	56958394	384663	2994891	118.22	26083.82	1443951
自贡市	3312	1.34	4088151	324748	78611	12.91	2562.71	137048
攀枝花市	9848	5.32	2450241	448261	149453	5.19	599.40	44389
泸州市	4486	1.79	10447970	258805	250426	40.76	5062.74	313114
德阳市	4143	1.64	4350052	301532	108194	11.25	2179.28	61253
绵阳市	5404	1.53	7212475	303430	169536	22.79	3728.64	264710
广元市	7140	2.69	2242770	234460	115202	9.63	1180.89	94557
遂宁市	26278	2.4	3025877	280926	123269	10.26	1795.05	121553
内江市	4642	2.04	2962726	286694	87427	10.26	1352.94	66049
乐山市	7100	2.16	2811028	279749	164107	9.78	1664.44	208408
南充市	5414	2.71	10596612	315304	295931	28.30	4430.21	468831
眉山市	4086	3.05	3434996	288086	88917	11.50	1597.53	149627
宜宾市	3666	1.20	4882438	242936	242292	19.82	2343.11	250839
广安市	6413	7.57	5487875	292350	227750	15.08	1511.37	322106
达州市	5717	2.22	4616833	309932	197828	13.58	2485.36	292159
雅安市	5120	2.81	543237	149883	35423	3.06	424.96	24666
巴中市	6186	1.14	6401113	237750	318576	22.82	2827.20	222664
资阳市	3172	1.74	1906140	233315	46591	7.79	772.02	60380
阿坝藏族羌族自治州	8147	40.13	378084	281795	34764	1.32	83.24	5867
甘孜藏族自治州	13231	26.75	236058	193284	19688	1.02	90.54	23884
凉山彝族自治州	6059	1.33	2489581	326066	84681	7.22	706.03	293917

表附2　2017年四川省投入产出指标数据表

地区	指标							
	技术装备率（元/人）	动力装备率（千瓦/人）	建筑业总产值（万元）	劳动生产效率（元/人）	固定资产投资额（万元）	建筑业从业人数（万人）	建筑业施工面积（万平方米）	利润总额（万元）
成都市	11740	3.52	49595545	364398	3141124	112.91	25294.66	1161421
自贡市	3735	1.55	3112290	303935	86246	10.44	2462.64	72789
攀枝花市	11115	5.72	2193364	403570	165218	7.30	543.15	52763
泸州市	5713	1.70	10261744	234448	337690	41.03	4923.93	233157
德阳市	3660	1.61	3617901	285630	135553	9.40	1970.44	32691
绵阳市	4356	1.30	5686736	236950	345698	23.77	3123.88	180275
广元市	7606	2.91	1783979	215150	187026	7.82	1106.73	57936
遂宁市	7032	1.66	3308825	267663	340349	11.29	2022.84	158611
内江市	4366	2.17	2641133	240068	101313	10.90	1446.66	63148
乐山市	6119	3.00	2360367	268868	200404	8.10	1513.57	73706
南充市	4408	2.58	7663298	289039	407706	23.14	3730.38	189153
眉山市	4243	2.57	3436698	282122	172420	11.93	1891.08	169315
宜宾市	3626	1.16	3605742	228185	207726	15.56	1849.88	91922
广安市	5408	7.27	5251317	303546	288895	13.79	1615.21	210194
达州市	4360	1.56	4027765	283665	159933	12.20	2337.79	146999
雅安市	4516	2.52	454729	137680	39191	2.98	478.77	12484
巴中市	4347	0.76	6441841	258345	316631	21.91	2602.17	171304
资阳市	3041	2.01	2219734	322664	80169	6.84	860.17	49487
阿坝藏族羌族自治州	15206	9.10	193296	211738	50154	0.79	95.24	2618
甘孜藏族自治州	11492	4.13	141019	193204	26920	0.60	37.82	12298
凉山彝族自治州	1404	0.78	1964831	78472	134958	25.28	686.35	51479

表附3　2016年四川省投入产出指标数据表

地区	指标							
	技术装备率（元/人）	动力装备率（千瓦/人）	建筑业总产值（万元）	劳动生产效率（元/人）	固定资产投资额（万元）	建筑业从业人数（万人）	建筑业施工面积（万平方米）	利润总额（万元）
成都市	11410	5.28	44314587	408059	1912302	94.29	23327.39	1075185
自贡市	4145	2.07	2432486	260742	90433	8.56	2030.35	49575
攀枝花市	14143	6.41	2001219	460622	174694	3.97	504.24	32784
泸州市	6226	2.01	7615767	193582	283419	31.53	4493.66	165429
德阳市	5134	2.22	3034254	261454	133278	8.65	1969.73	29104
绵阳市	4944	1.74	4407795	210647	336516	20.02	2696.52	132410
广元市	9900	3.59	1458403	232834	173987	6.08	1085.02	50126
遂宁市	7938	2.02	2481006	221933	363773	10.45	1608.02	141665
内江市	6370	3.61	2559424	259216	105856	9.24	1507.44	57368
乐山市	8802	3.75	1795349	256967	215856	6.39	1128.86	77133
南充市	5991	3.23	6028991	278862	351984	18.73	3110.31	189397
眉山市	3834	3.29	3037935	282567	159789	10.55	1639.34	137860
宜宾市	3783	1.31	2673171	231630	154957	11.62	1524.87	55727
广安市	6696	5.47	4439155	297612	277922	12.81	1505.44	187839
达州市	6102	1.98	3466774	285740	139097	10.56	2258.85	129986
雅安市	9334	4.52	337592	153716	36719	1.82	269.22	6175
巴中市	4546	1.28	4815169	243423	188918	16.04	2038.10	142129
资阳市	3259	2.36	1875901	270135	56408	6.21	694.24	41699
阿坝藏族羌族自治州	9780	2.59	122475	159535	118332	0.67	50.43	2907
甘孜藏族自治州	9353	4.94	94817	163731	13295	0.53	36.73	8396
凉山彝族自治州	6914	2.33	1449368	401776	130825	3.11	569.37	23266

表附4　2015年四川省投入产出指标数据表

地区	指标							
	技术装备率（元/人）	动力装备率（千瓦/人）	建筑业总产值（万元）	劳动生产效率（元/人）	固定资产投资额（万元）	建筑业从业人数（万人）	建筑业施工面积（万平方米）	利润总额（万元）
成都市	21451	8.64	40953808	373695	2719781	69.93	23852.51	816195
自贡市	4191	2.01	2033489	199732	93810	9.59	1807.44	44206
攀枝花市	11784	6.19	1752843	394784	178591	4.22	443.54	4735
泸州市	36115	2.77	5786230	217818	221913	24.33	4063.63	132068
德阳市	7572	2.86	2644426	244736	144424	8.35	1979.12	20415
绵阳市	4127	1.93	3975714	213783	274734	18.28	2788.66	107228
广元市	12111	3.80	1255189	225900	163273	5.24	860.18	39036
遂宁市	7095	2.04	2105375	189617	317965	8.51	1470.14	112030
内江市	5728	2.10	2074803	221211	109457	9.40	1372.57	49836
乐山市	7935	3.38	1510509	240554	201713	6.05	1000.99	57670
南充市	7775	3.76	5312236	278768	352320	14.28	3026.20	172895
眉山市	5190	3.52	2407274	254986	120836	8.59	1447.88	123198
宜宾市	3931	1.50	2231710	196184	124684	10.61	1420.49	54843
广安市	6683	3.59	3705093	250686	273908	11.79	1467.11	158755
达州市	5615	1.78	2895431	282063	128292	10.32	2158.90	117221
雅安市	11982	6.21	281120	153609	29032	1.68	211.84	5470
巴中市	4162	0.85	4194525	253970	306700	12.82	1798.07	140820
资阳市	4644	2.19	2173625	235321	78701	7.45	1235.57	61631
阿坝藏族羌族自治州	14523	4.01	111016	128371	105718	0.45	46.64	2599
甘孜藏族自治州	9126	4.79	89581	136287	20833	0.57	28.50	5338
凉山彝族自治州	5176	2.12	981910	553750	134533	1.78	315.36	12249

表附5　2014年四川省投入产出指标数据表

地区	指标					
	建筑业总产值（万元）	劳动生产效率（元/人）	固定资产投资额（万元）	建筑业从业人数（万人）	建筑业施工面积（万平方米）	利润总额（万元）
成都市	38792821	307662	3001638	1200	22463.04	1009443
自贡市	1782088	197619	93253	129	1689.31	42269
攀枝花市	1632167	402071	197302	78	546.12	15715
泸州市	5220235	204422	214563	159	4250.37	145870
德阳市	2566878	238305	148464	242	2440.91	–4528
绵阳市	3521134	253401	320428	411	2675.96	96502
广元市	1074803	207107	138864	165	740.49	35768
遂宁市	1825481	213842	267459	143	1293.20	102766
内江市	1878608	245721	115251	111	1336.58	47021
乐山市	1259091	209705	160593	152	829.18	53646
南充市	4965352	316830	352976	243	3123.15	182276
眉山市	1996535	197360	109673	135	1334.19	122268
宜宾市	1948325	212801	135010	197	3255. 42	53898
广安市	3322882	242094	268381	110	1640.87	187238
达州市	2760362	279822	137453	118	2183.50	137869
雅安市	244349	161767	33468	44	179.48	5480
巴中市	3791359	310477	133443	133	1851.24	122538
资阳市	1891727	232490	70817	110	1100.23	53915
阿坝藏族羌族自治州	93986	168042	42035	28	56.58	2933
甘孜藏族自治州	96289	178511	15043	22	34.95	1796
凉山彝族自治州	820736	396663	92210	35	337.88	5288

表附6　2013年四川省投入产出指标数据表

地区	指标							
	技术装备率（元/人）	动力装备率（千瓦/人）	建筑业总产值（万元）	劳动生产效率（元/人）	固定资产投资额（万元）	建筑业从业人数（万人）	建筑业施工面积（万平方米）	利润总额（万元）
成都市	29566	5.28	36570771	298433	2064071	90.10	22115.29	1193662
自贡市	2585	1.15	1604078	194321	91476	9.44	1337.10	38668
攀枝花市	9784	2.97	1821553	267459	216687	7.65	543.93	40783
泸州市	3088	1.11	4108709	200858	219742	21.99	3652.50	124165
德阳市	5164	2.04	2363317	188293	151064	12.87	2124.82	28637
绵阳市	4156	1.66	2807690	189733	277826	15.00	2149.56	64990
广元市	6187	2.84	911569	179009	116440	5.09	591.40	23740
遂宁市	3840	1.39	1556025	183673	188513	8.90	1115.87	96250
内江市	4249	2.26	1440762	205102	97836	8.48	1041.99	32139
乐山市	7331	2.94	1152511	234617	128717	5.42	897.37	40681
南充市	4539	2.61	4339852	298729	360385	15.44	2936.77	203587
眉山市	4425	2.91	1552882	195772	111486	8.31	1154.33	115976
宜宾市	3058	1.51	1829460	186889	119337	10.57	1281.63	60376
广安市	7202	3.42	2687220	229420	237473	11.54	1373.97	155616
达州市	4469	2.17	2457807	246857	133512	10.94	1925.55	134491
雅安市	10758	6.08	168340	145723	33790	1.22	133.09	3049
巴中市	4940	1.49	2921030	360937	111989	9.08	1693.16	104532
资阳市	2409	1.64	1580879	247376	84693	7.68	983.24	54471
阿坝藏族羌族自治州	6955	1.72	86027	124695	33571	0.67	47.42	10333
甘孜藏族自治州	16942	7.87	74473	187731	15828	0.42	37.99	1616
凉山彝族自治州	7801	1.88	739148	414460	51910	1.84	240.71	5034

表附7　2012年四川省投入产出指标数据表

地区	指标							
	技术装备率（元/人）	动力装备率(千瓦/人)	建筑业总产值（万元）	劳动生产效率（元/人）	固定资产投资额（万元）	建筑业从业人数（万人）	建筑业施工面积(万平方米)	利润总额（万元）
成都市	12226	5.32	33282864	288000	2094843	84.45	17266.36	969943
自贡市	2491	1.11	1242434	162614	83683	8.49	1033.49	36287
攀枝花市	23909	7.87	1644819	464809	268977	3.41	466.34	-81322
泸州市	3707	1.57	2938168	171283	211868	16.31	2544.39	110482
德阳市	5773	2.33	2136726	187314	140884	10.47	1885.95	37836
绵阳市	4932	1.85	2275935	221261	163897	11.82	1947.93	72593
广元市	7443	3.22	765481	176224	99792	4.53	513.82	26845
遂宁市	4559	1.64	1305440	193112	163191	7.47	1025.61	78609
内江市	4911	2.21	1255579	175837	85681	8.03	933.27	25863
乐山市	6784	2.21	1065775	225446	127325	5.36	751.20	87960
南充市	4988	3.14	3557634	252127	200091	15.03	2538.98	131610
眉山市	4354	2.62	1232023	187024	87402	7.28	945.04	77834
宜宾市	3672	1.96	1458229	162356	99642	8.73	1075.23	43226
广安市	6561	4.02	2253959	231743	229276	10.97	1054.28	155607
达州市	4939	2.54	2000019	221803	134912	9.73	1855.04	106623
雅安市	11366	5.87	158650	144939	31732	1.19	138.80	2523
巴中市	5147	1.72	2384845	379360	105294	7.24	1318.72	77390
资阳市	3199	1.85	1300978	202141	78864	7.19	955.58	49947
阿坝藏族羌族自治州	3792	0.65	76018	116664	31774	0.78	52.17	3506
甘孜藏族自治州	17736	6.81	40029	151623	13046	0.29	28.64	2588
凉山彝族自治州	11950	2.72	551046	396237	55278	1.47	220.09	6192

表附8 2011年四川省投入产出指标数据表

地区	指标							
	技术装备率（元/人）	动力装备率（千瓦/人）	建筑业总产值（万元）	劳动生产效率（元/人）	固定资产投资额（万元）	建筑业从业人数（万人）	建筑业施工面积（万平方米）	利润总额（万元）
成都市	9591	4.46	27698033	151714	2035601	93.42	15945.53	758850
自贡市	2576	1.21	1061188	142957	85755	8.24	1048.78	29281
攀枝花市	16874	5.30	1680916	347541	195120	5.22	403.17	44744
泸州市	3670	1.33	2044170	67511	161161	16.11	1953.2	63175
德阳市	4027	1.98	2750077	78869	140649	13.54	1923.51	40707
绵阳市	4287	1.92	2119381	180505	144051	11.94	1758.37	91934
广元市	5282	2.53	703599	126855	114140	5.40	565.64	28446
遂宁市	4179	1.29	1175968	152412	152114	8.52	1035.91	66439
内江市	3127	1.94	1192814	125055	92685	9.91	898.06	20060
乐山市	3798	1.67	941508	165826	133605	6.01	779.86	48283
南充市	2354	0.90	2777366	122848	173237	18.41	2101.09	145037
眉山市	5122	3.99	895088	138963	99641	6.36	877.23	61797
宜宾市	3103	1.57	1202530	119693	93960	8.45	954.53	35099
广安市	5272	4.42	1890294	180858	207496	11.03	844.44	133070
达州市	5319	2.45	1754006	188234	125030	9.44	1434.92	98975
雅安市	10886	5.78	132618	119035	28343	1.14	111.44	4056
巴中市	2311	0.81	1698644	243841	171416	7.27	1072.34	76869
资阳市	2868	1.53	925593	149707	62964	7.43	783.83	31709
阿坝藏族羌族自治州	6330	0.58	61822	142020	26217	0.46	43.34	7930
甘孜藏族自治州	14533	5.54	41067	125936	11986	0.30	26.58	1756
凉山彝族自治州	11777	2.83	312266	296295	37933	0.86	176.58	2851

表附9　2010年四川省投入产出指标数据表

地区	指标							
	技术装备率（元/人）	动力装备率（千瓦/人）	建筑业总产值（万元）	劳动生产效率（元/人）	固定资产投资额（万元）	建筑业从业人数（万人）	建筑业施工面积（万平方米）	利润总额（万元）
成都市	5063	2.18	20974379	161281	2217550	130.05	12668.80	517045
自贡市	2008	1.23	851323	126709	110970	6.72	859.29	16557
攀枝花市	10659	5.29	1257162	179500	171325	7.00	240.36	30759
泸州市	4374	1.66	1760209	101909	172596	17.27	1887.51	46659
德阳市	4757	2.34	2537597	153892	144664	16.49	1539.85	65123
绵阳市	3510	1.44	1861597	147370	153201	12.63	1663.43	61497
广元市	6676	3.13	516101	121687	105342	4.24	439.24	21935
遂宁市	2219	0.92	1051181	125902	125934	8.35	1017.56	52363
内江市	3074	1.64	1053573	90212	99454	11.68	876. 29	12374
乐山市	5604	2.63	775628	133676	130615	5.80	781.46	38682
南充市	3699	1.75	2150544	124257	255920	17.31	1971.89	105722
眉山市	6431	4.36	1087767	155762	100661	6.98	715. 49	41248
宜宾市	2936	1.76	964233	112904	85688	8.54	856.13	22934
广安市	3766	3.67	1559555	134535	178885	11.59	939.08	87346
达州市	5605	2.73	1349893	107915	133098	12.51	1284.70	63058
雅安市	12561	6.06	114596	101800	34125	1.13	111.51	4177
巴中市	2630	0.98	1131555	185513	89862	6.10	675.57	47294
资阳市	3198	1.49	687698	118151	54990	5.82	620.60	24965
阿坝藏族羌族自治州	2378	0.74	74796	165039	30993	0.45	37.76	3784
甘孜藏族自治州	11007	8.51	38605	109861	21686	0.35	27.34	688
凉山彝族自治州	11609	6.53	210607	185524	69406	1.14	226.97	2451

附录D

附录D　四川省建筑业高质量发展动力机制指标体系专家意见征询表

尊敬的专家：

您好！

目前，课题组正在进行“四川省建筑业高质量发展绩效评价与动力机制研究”课题研究。本问卷调查目的是构建四川省建筑业高质量发展效果评价的指标体系。请您在认为合适的指标选项后画“√”，并回答相关问题。完成本问卷大约需要占用您5分钟的宝贵时间，非常感谢您的支持与配合。

一、您的基本信息

工作单位：行政主管部门（　　）　　高校/科研院所（　　）

企业单位（　　）　　社会专业人士（　　）

工作岗位：　　　　职称：

二、四川省建筑业高质量发展效果评价指标的筛选

四川省建筑业高质量发展效果评价体系包括定量指标和定性指标，具体详见下表内容。请您在认为合适的因素旁画“√”。

动力因素	指标体系	是否合适及建议
企业管理	组织模式完善度	
	多元化经营水平	
	客户需求满意度	
	劳动生产率	
	自有固定资产原价	
	自有机械设备台数	
	建筑业就业人员数	
	专业技术管理人员占比	
	高校建筑业毕业人数	

续表

动力因素	指标体系	是否合适及建议
政策管理	建筑业投入增长率	
	责任考核制度	
	工程质量等级量化制度	
	法律法规完善度	
	企业奖惩规范程度	
	政府质量监督程度	
行业发展	行业发展可持续水平	
	建筑业工业化水平	
	建筑业科技创新能力	
	绿色建筑普及程度	
	建筑企业产值增长量	
	建筑业产值利润率	
	建筑业增加值	
	建筑业技术装备率	
	建筑业动力装备	
	建筑业能源消耗总量	
	建筑业负债合计	
	投产项目数	
市场规范	建筑价格市场接受度	
	相关管理部门数量	
	行业协会发展程度	
	市场监管力度	
	市场竞争能力	

重要术语索引

Z